U0781070

产权、政府与公司财务

张 敏○著

立信会计 出版社
LIXIN ACCOUNTING PUBLISHING HOUSE

图书在版编目(CIP)数据

产权、政府与公司财务/张敏著. —上海:立信会计出版社,2017.5

ISBN 978 - 7 - 5429 - 5322 - 3

I.①产… Ⅱ.①张… Ⅲ.①地方政府—影响—公司—财务管理—研究—中国 Ⅳ.①F279.246

中国版本图书馆 CIP 数据核字(2017)第 098890 号

策划编辑	黄成艮
责任编辑	黄成艮
封面设计	南房间

产权、政府与公司财务

出版发行	立信会计出版社		
地　　址	上海市中山西路 2230 号	邮政编码	200235
电　　话	(021)64411389	传　真	(021)64411325
网　　址	www.lixinaph.com	电子邮箱	lxaph@sh163.net
网上书店	www.shlx.net	电　话	(021)64411071
经　　销	各地新华书店		

印　　刷	江苏凤凰数码印务有限公司	
开　　本	787 毫米×1 092 毫米	1/16
印　　张	10.75	
字　　数	170 千字	
版　　次	2017 年 5 月第 1 版	
印　　次	2017 年 5 月第 1 次	
书　　号	ISBN 978 - 7 - 5429 - 5322 - 3/F	
定　　价	30.00 元	

如有印订差错,请与本社联系调换

前　　言

　　研究中国这样的新兴市场国家的公司财务问题,如果不考虑政府与企业之间的关系,是缘木求鱼,因为在很多情况下,政企关系直接决定着企业的财务行为。政府与企业之间的关系有两个维度:一是干预与被干预;二是"设租"与"寻租"。前者研究政府如何干预企业的行为,产生什么样的后果(政府主导);后者研究企业如何向政府及其官员"寻租",结果如何(企业主导),这两个维度缺一不可。因此,本书同时从这两个维度展开研究。

　　具体而言,本书的主要内容和研究结论如下:

　　在政治关联角度,本书考察了政治关联对企业多元化、信贷资源配置、政策负担的影响。企业多元化、信贷资源配置、政策负担等问题都是我国国民经济发展过程中亟待解决和极为重要的问题,因此这些角度具有重要的研究价值。本角度主要包含如下三部分内容:

　　内容一:政治关联与多元化。研究发现,政治关联企业的多元化程度要显著高于非政治关联企业,表明政治关联帮助企业获得了更多的多元化资源;我国上市公司的多元化经营会带来企业股票市场风险的上升,但政治关联企业实施的多元化带来的风险显著低于非政治关联企业,表明政治关联作为一种替代机制确实能够得到市场的认可。

　　内容二:政治关联与信贷资源配置。研究结果表明,虽然政治关联企业更易于获得长期贷款,但获得贷款后它们更容易进行过度投资,而且贷款对政治关联企业的价值产生了负面影响。这一结果说明政治关联对信贷资源配置效率有着显著的负面影响。

　　内容三:政治关联与政策负担。研究结果发现,在地方政府控制的上市公司中,政治关联高管的报酬业绩敏感性低于非政治关联高管,政治关联公司的员工冗余程度更高;在中央政府控制的上市公司中,没有证据表明高管的政治关联对其薪酬业绩敏感性和员工配置效率有显著影响;在非国有控股公司中,政治关联高管的报酬业绩敏感性高于非政治关联高管,政治关联公司的员工冗余和员工短缺程度均较低。研究结果表明,公司聘用政治关联高管的目的不同,决定它们所采用的激励策略也不同,而政治关联对员工配置效率的影响在不同公司中也有显著差异。

在政府干预角度,本书考察了政府干预对高管激励、高管变更、资本结构动态调整、企业投资等行为的影响。本角度主要包含如下四部分内容:

内容四:政府干预与高管激励。研究发现,在国有企业中,冗员负担显著降低了高管的薪酬与企业业绩之间的敏感性,加剧了薪酬的"粘性"程度,促使高管进行了更多的在职消费;但没有证据表明在非国有企业中存在上述现象。研究结果表明:政府干预所导致的冗员负担的存在对国有企业的高管激励机制产生了重要影响,具体表现为政府会弱化高管薪酬与企业业绩之间的关联性,同时允许高管进行较多的在职消费,用以弥补高管在现金薪酬方面的损失。

内容五:政府干预与高管变更。研究结果表明,总体来说,高管因为投资效率低下而被更换的证据较微弱;高管被更换后,投资效率并没有得到明显的改善。区分企业产权后,我们发现,相对于国有公司来说,民营公司的"高管变更—投资效率"敏感性更大,但高管变更之后投资效率并没有得到显著改善;然而,相对于地方政府控制的国有公司来说,中央政府控制的国有公司在高管变更之后投资效率得到了显著改善。

内容六:政府干预与资本结构动态调整。研究结果表明,国有企业的预算软约束程度越大,它们的资本结构调整速度越慢,实际资本结构与目标资本结构之间的偏离程度也越大。我们从多个角度进行了稳健性检验,发现结果保持不变。这一结果表明,预算软约束的存在,导致国有企业改善资本结构的动力减弱,从而阻碍了它们的资本结构调整行为。

内容七:政府干预与企业投资。研究结果表明,地方政府竞争会显著地影响国有企业的投资行为,具体表现为:当地方经济发展程度较低的时候,地方政府(官员)为了"赶超"那些经济发展程度相对较高的地区,会对国有企业施加影响,促使它们扩大投资规模;对于那些地方政府更容易控制的国有企业来说,更是如此。但是,国有企业的管理层为了持续地享受私有收益,他们会抵制政府的这种干预,在一定程度上抑制了企业的过度投资水平。

本书的创新之处主要体现在如下两个方面:

(1)本书从企业和政府的两个角度研究了政企关系,即以政治关联和政府干预为出发点,研究了它们对公司财务发挥作用的深层次原因以及对企业价值的具体影响机理。现有文献更多的是直接研究政治关联对企业价值的影响以及政治关联对企业获取资源的影响,而没有系统、深入地研究政治关联影响企业价值的根源及其机理,本书沿着一条清晰的路径对这一问题进行了研究,弥补了现有文献的不足。

(2)立足于中国特定的制度环境,本项目研究了不同产权性质下政治关联与政府干预的作用及其经济后果的差异问题。我国特定的政治体制及经济发展路径决定了国有企业和非国有企业在许多方面都存在根本性差异,尤其是在与政府的关系方面,这可能会导致政治关联与政府干预的作用在这两类企业中存在较大差异,而现有文献很少涉及这一问题。本项目对比研究了国有企业和非国有企业中政治关联的作用及相应的经济后果,对现有文献进行了推进。

我关注政企关系这一领域已经十年有余,积累了一些心得后,形成了一点成果。本书只是对我前期研究成果的一个初步总结,也算是对自己的一个交代,同时也希望得到学界同仁的批评指正。

张 敏

2017 年 5 月

目　　录

第1篇　导入篇

第1章　引言 ………………………………………… 3

1.1　研究背景 ………………………………………… 3

1.2　研究意义 ………………………………………… 3

1.3　研究框架 ………………………………………… 4

1.4　章节安排 ………………………………………… 5

第2篇　政治关联篇

第2章　政治关联与多元化 ………………………… 9

2.1　引言 …………………………………………… 9

2.2　文献回顾 ……………………………………… 10

2.3　研究假说与回归模型 ………………………… 14

2.4　研究样本与描述统计 ………………………… 17

2.5　实证结果 ……………………………………… 21

2.6　研究结论 ……………………………………… 23

第3章　政治关联与信贷资源配置 ……………… 25

3.1　引言 …………………………………………… 25

3.2　文献回顾 ……………………………………… 26

3.3　制度背景与研究假说 ………………………… 29

3.4　回归模型与变量 ……………………………… 31

3.5　研究样本与描述统计 ………………………… 35

3.6　回归结果 ……………………………………… 39

3.7　研究结论 ……………………………………… 44

第4章 政治关联与政策负担 ···················· 47

4.1 引言 ··· 47

4.2 文献回顾 ···································· 48

4.3 研究假说 ···································· 50

4.4 检验模型 ···································· 53

4.5 样本与描述统计 ····························· 55

4.6 回归结果 ···································· 63

4.7 研究结论及其启示 ··························· 71

第3篇 政府干预篇

第5章 政府干预与高管激励 ···················· 75

5.1 引言 ··· 75

5.2 制度背景与假说的提出 ························ 77

5.3 检验模型 ···································· 79

5.4 样本与描述统计 ····························· 82

5.5 回归结果 ···································· 88

5.6 进一步分析 ·································· 91

5.7 稳健性检验 ·································· 93

5.8 结论 ··· 98

第6章 政府干预与高管变更 ··················· 100

6.1 引言 ·· 100

6.2 研究假说 ··································· 101

6.3 变量与模型 ································· 104

6.4 研究样本与描述统计 ························ 106

6.5 实证结果 ··································· 111

6.6 结论 ·· 113

第7章 政府干预与资本结构动态调整 ··········· 115

7.1 引言 ·· 115

7.2 研究假说 ··································· 117

7.3 研究设计 ……………………………………………… 118

7.4 回归结果 ……………………………………………… 121

7.5 稳健性检验 …………………………………………… 124

7.6 结论 …………………………………………………… 127

第 8 章 政府干预与企业投资 ……………………………… 129

8.1 引言 …………………………………………………… 129

8.2 文献回顾 ……………………………………………… 130

8.3 研究假说 ……………………………………………… 132

8.4 检验模型 ……………………………………………… 134

8.5 研究样本与描述统计 ………………………………… 136

8.6 实证结果 ……………………………………………… 141

8.7 结论 …………………………………………………… 147

参考文献 ……………………………………………………… 148

第 1 篇

导入篇

本部分为第 1 章,主要介绍本书的研究背景、研究意义以及研究内容框架,是本书的导入篇。

第 1 章

引　言

1.1　研　究　背　景

自 20 世纪 80 年代中国开始实施分权改革以来,经济持续高速发展,创造了"中国经济增长之谜"。从 1982 年以来的 GDP 指标来看,除了少数几个年份,中国的 GDP 增长率基本上都保持在 8% 以上。目前,学术界较有代表性的理论认为,中国的分权改革所形成的对地方政府(官员)特定的激励机制是导致中国经济持续高速增长的主要原因,包括财政激励(Jin et al. , 2000; Young, 2000; Montinola et al. , 1995)和官员晋升激励(Li and Zhou, 2005; 周黎安, 2004、2007)。而在"中国特色的联邦主义"(Qian and Roland, 1998)体制下,这种激励机制导致了地方政府(官员)之间的激烈竞争。

投资是我国经济发展的"三驾马车"之一,因此,为了发展当地经济,从而获得更多的财政收入,以及在政治晋升竞争中胜出,地方政府有强烈的动机去干预当地企业的投资活动。因此,要了解中国企业的投资行为,就必须考虑政府干预的影响。同时,企业的投资必然需要充足的资金作为保障,但是,我国企业的融资行为同样受到政府干预的影响,因为主要的资源配置权掌握在政府手里。从企业角度来说,为了获取充分的资金进行投资,一个重要的选择便是和政府建立联系,从政府手中获取资金和投资机会。因此,政企关系是研究中国企业的投融资以及公司治理问题的一把"钥匙",从这一角度进行研究就显得尤为重要。本书将从这一角度系统地实证研究政企关系对企业投融资以及公司治理的影响问题。

1.2　研　究　意　义

1.2.1　理论意义

首先,本书系统研究了政企关系(具体包括政治关联和政府干预两个视角）对我国上市公司投融资、公司治理行为的影响，揭示了政治关联和政府干预对微观企业行为的作用机理。政治关联和政府干预如果影响企业的价值，必然是通过一定的具体途径实现的，本书尝试打开投融资这一介于政治关联及政府干预与企业价值之间的"黑箱"，考察它们影响企业价值的具体途径和机理，从而有助于更好地理解政治关联和政府干预的影响，对政治关联及政府干预与企业价值关系领域的文献进行了拓展。

其次，立足于中国特定的制度环境，本项目研究了不同产权性质下政治关联与政府干预的作用及其经济后果的差异问题。我国特定的政治体制及经济发展路径决定了国有企业和非国有企业在许多方面都存在根本性差异，尤其是在与政府的关系方面，这可能会导致政治关联与政府干预的作用在这两类企业中存在较大差异，而现有文献很少涉及这一问题。本项目对比研究了国有企业和非国有企业中政治关联的作用及相应的经济后果，对现有文献进行了拓展。

1.2.2 现实意义

首先，在宏观层面，本书对我国正在进行的国企改革及市场化改革具有较强的借鉴意义。改革开放以来，对国有企业进行改革，建立有效的、市场化的经济体系，科学合理地界定政府的职能一直是改革的重要目标。本书立足于中国特定的制度环境，考察政治关联和政府干预的作用机制以及相应的经济后果，将有助于理解目前我国经济中政府与企业之间的关系，从而采取有针对性的措施，推进我国的国企改革及市场化改革。

其次，在微观层面，本书对企业建立有效的激励机制，合理合法地处理与政府之间的关系，提升自身价值具有较强的借鉴意义。本书考察不同环境下，政治关联和政府干预对公司财务的影响，将有助于理解政企关系对企业价值的影响途径及影响程度，从而对企业具有较强的借鉴意义。

1.3 研 究 框 架

政府与企业之间的关系及其对经济效率的影响，向来是经济学研究的核心话题。政府既有可能是一只"帮助之手"，也有可能是一只"掠夺之手"（Frye and Shleifer，1997）。从企业的角度来看，通过与政府建立紧密的联系，它就构筑了一条可以获得政府帮助的渠道；而从政府的角度来看，与企业之间的密切联系，将有利于政府对企业进行干预。因此，政治关联与政府干预是连接政府与企业之间关系的重要环节,从这两个角度研究它们对上司公司投融资行为的影响具有重要意义。我们认为,政企关系主要会通过影响企业的投融资行为,进而影响企业价值。具体来说,本书从如下两个角度进行研究,具体如图 1-1 所示

　　1)从企业的角度出发,研究政治关联对企业投融资行为的影响;

　　2)从政府的角度出发,研究政治干预对企业投融资及公司治理的影响。

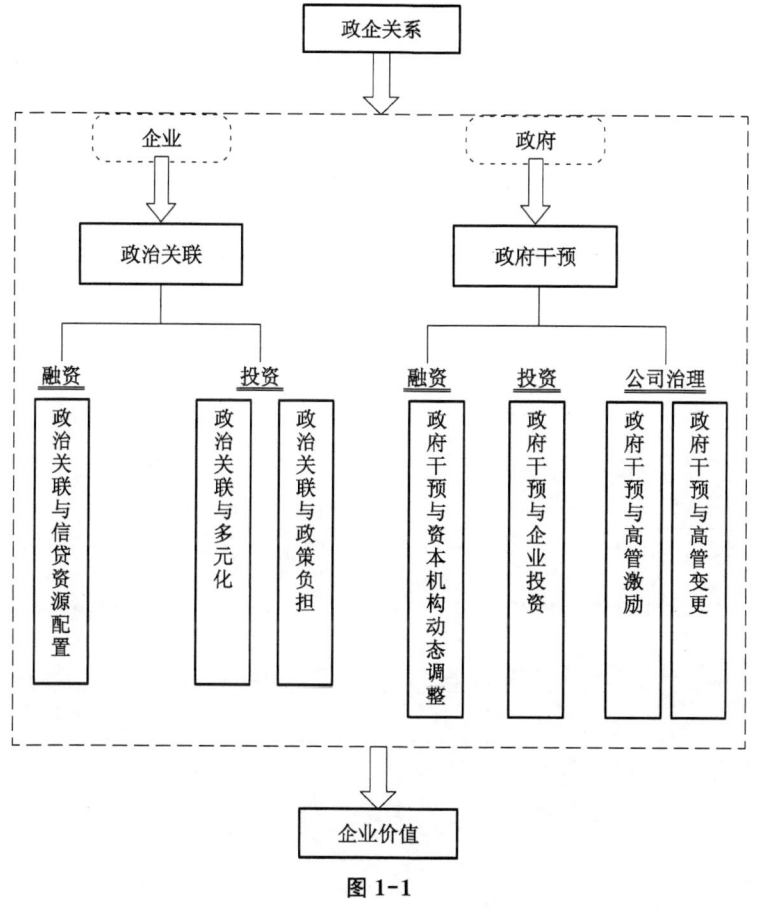

图 1-1

1.4 章 节 安 排

本书主要包括三大部分:第一部分是导入篇,包括 1 章,即"第 1 章引

言",主要介绍本书的研究背景、研究意义和研究内容框架。第二部分是政治关联篇,包括第 2~4 章,主要研究政治关联对企业投融资等行为的影响。第三部分是政府干预篇,包括第 5~8 章,主要研究政府干预对企业投融资行为的影响。

第 2 篇

政治关联篇

　　本篇是本书的第一个核心内容,包括第 2～4 章,主要研究政治关联对企业融资行为和投资行为的影响。

第 2 章

政治关联与多元化

2.1 引　　言

中西方的制度环境存在重大差异,这就要求我们在研究中国企业的多元化问题时必须极其小心,不能直接套用西方的理论、方法与结论。实际上,我国企业的多元化从本质上来说只是一种经济现象,真正值得研究的是隐藏在其背后的制度环境。例如,在我国转轨经济背景下,企业的多元化战略往往是和政府的行为紧密联系在一起的(陈信元、黄俊,2007;李强、刘善敏,2007)。因此,比较好的研究思路应该是以企业多元化为桥梁,研究中国特定的制度环境对企业和国民经济的影响,从而判断这些制度环境的优劣,为我国的经济改革提供依据。

就目前来说,我国一个很重要的制度环境就是政府与企业之间的复杂关系。我国的政治体制决定了我国的各级政府都属于强势政府,在经济中起着主导作用。虽然经过三十余年的改革,我国的市场经济体制已经初步建立,但政府仍然充当着资源分配者的角色。理论和实践都已经证明,这种非市场化的制度安排是低效率的,会造成资源分配的严重不公平、不均衡。出于本能的反应,企业往往会谋求和政府建立政治关联,以获取更多的资源。对我国企业来说,多元化资源属于一项稀缺资源,并非每个企业都能随心所欲地进入其他行业,严重的市场分割、产权歧视与行业壁垒等都是制约企业多元化的重要因素。在此情况下,政治关联可能会帮助企业获得更多的多元化资源。这样,通过研究政治关联与企业多元化之间的关系,将能够从新的视角揭示我国企业多元化的动因。

在此基础上,我们需要进一步关注的是:市场如何看待企业基于政治关联的多元化?本章将从企业在股票市场上面临的风险角度加以考察。这类风险衡量了投资者对企业未来回报的预期,如果投资者看好企业的未来发展,他们会有一个良好的预期,企业股票收益的波动幅度会随之降低,风险下降;反之,将会使企业风险上升。我国的资本市场还属于不成熟的市场,波动性较大,投资者面临较大的风险。政治关联作为市场机制的一种替代机制,如果它能够为企业带来好处,投资者是否会给予积极评价,从而降低企业的风险?有几篇文献研究了多元化和贝塔(系统风险)之间的关系,但得到了不同的结论,有的文献发现企业多元化不能降低系统风险(Adaptation,1988),有的则发现不同类型的多元化对系统风险有不同的影响(Barton,1988;陈莉、张卓,2005)。从这些文献来看,它们都没有考虑多元化背后的制度因素对企业股票市场风险的影响,而投资者可能往往更看重这些制度因素。

基于上述分析,本章以 2002—2006 年间我国证券市场的非金融类上市公司为研究样本,考察了政治关联对企业多元化及股票市场风险的影响。研究发现,政治关联显著地影响了企业的多元化经营,表现为政治关联企业的多元化程度要显著高于非政治关联企业,表明政治关联确实为企业带来了更多的多元化资源;我国上市公司的多元化经营会带来企业风险的上升,但政治关联企业实施的多元化带来的风险的上升程度显著低于非政治关联企业,表明政治关联作为一种市场机制的替代机制确实能够得到市场的认可。

本章的研究贡献体现在如下几个方面:首先,本章考察了政治关联对企业多元化的影响,从制度环境层面阐释了我国企业的多元化行为,进而揭示了我国政府影响企业的具体途径;其次,本章考察了政治关联如何通过多元化影响企业的股票市场风险问题,发现投资者能够识别企业的多元化战略以及隐藏在其背后的制度因素,从新的角度揭示了企业多元化的经济后果。

本章后面的结构安排如下:第二部分是文献回顾部分;第三部分是研究假说部分;第四部分是研究设计与描述统计部分;第五部分是实证结果;最后是本章的研究结论。

2.2　文　献　回　顾

在企业多元化研究领域,学术界研究最多的可能是企业多元化的动机和经济后果两个方面。在企业多元化动机研究方面,人们提出了很多理论,如果按研究对象来划分,这些理论大体可分为以企业为研究对象和以管理者为研究对象。前者以市场势力理论和资源基础理论等为代表,而后者主要指委托—代理理论。

市场势力理论认为,企业多元化的动机在于获取市场势力。通过横向补贴、互惠交换等方式,多元化企业可以获得竞争优势,从而在竞争中立于不败之地。Gribbin(1976)认为,上述竞争优势的取得需要企业的各种产品在相应的行业中都具有竞争优势,否则,整体的竞争优势就不可能获得。该理论预测企业的多元化经营会提高企业的业绩。资源基础理论认为,企业之所以多元化经营,是因为它们拥有充足的资源。如果市场的不完备性或者资产的专用性导致企业无法出售剩余资源,它们将使用这些资源进行多元化(Teece,1982;Nelson and Winter,1982)。该理论认为,企业的多元化绩效是其资源储存量的函数。同时,因为不同的企业之间具有差异性,所以它们的最优多元化水平是不同的。

委托—代理理论认为,企业管理者之所以选择多元化经营,是出于最大化自身利益的目的。具体而言,这些目的包括:(1)构筑商业帝国。管理者通过多元化经营,能扩大企业的规模,为自己带来相应的利益(Jensen,1986);(2)管理者防御及壕沟效应。管理者会千方百计地选择有利于维持他们地位的投资项目,从而人为地放弃一些有价值的投资项目,给企业带来损失。Amihud 和 Lev(1981)认为,管理者都偏好多元化,因为这能降低他们所控制的企业的风险,从而维持他们在企业中的地位。而 Shleifer 和 Vishny(1989)则认为,管理者们偏好投资于那些需要他们的专有能力的投资项目,从而强化他们在企业中的地位。

在国内,有几篇文献从公司治理的角度探讨了影响我国上市公司多元化经营的因素。姜付秀(2006)发现,公司规模、股权结构、公司上市的时间长短、公司所处的行业等因素会对上市公司的多元化及其程度产生显著影响。张翼、李习、许德音(2005)发现,在国有控制的上市公司中,多元化程度与国有股比例呈 U 型关系,而在非国有控制公司中不存在这一关系。金晓斌等(2002)则发现公司特质和市场激励对企业多元化有显著影响。陈信元、黄俊(2007),李强、刘善敏(2007)则从制度环境角度出发,发现政府对我国企业的多元化有显著影响。

在多元化的经济后果研究方面,现有文献主要侧重于研究多元化与企业绩效之间的关系。事实证明评价多元化与企业绩效之间的关系是非常困难的(Montgomery,1994)。对于不同的研究者、不同的研究方法、不同的国家(地区)、同一国家(地区)的不同阶段,我们看到的是不同的研究结论。Rumelt(1974)在其开创性研究中发现多元化企业的经营绩效较差,在紧随其后的一系列研究中,也发现了类似的结论(Palepu, 1985;Wernerfelt and Montgomery, 1988)。但也有许多研究未能发现多元化与经营绩效之间存在显著关系(Ravenscraft, 1983),还有一些研究发现两者之间是显著的正向关系(Grant et al. , 1988)。

在 Lang 和 Stulz(1994)及 Berger 和 Ofek(1995)采用更为严谨和科学的方法发现多元化与经营绩效之间存在显著负向关系之后,在相当长时间内,相关研究的结论几乎是一致的。但从 20 世纪 90 年代末开始,逐步有研究对 Lang 和 Stulz(1994)及 Berger 和 Ofek(1995)开创的研究方法提出了质疑,这期间的很多采用改进后的方法所进行的研究得到的是两者之间存在显著正向关系(Campa and Kedia, 2002)。此外,也有文献研究了美国以外的其他市场的情况。例如,Lins 和 Servaes(1999)发现,在样本期间内,日本和英国企业的多元化会带来折价,但德国企业却没有。他们在另外一篇论文里还研究了新兴市场的情况,发现巴西、印度等新兴市场上企业的多元化经营会带来 7%左右的折价(Lins and Servaes, 2002)。

在国内,关于多元化与企业绩效之间关系的研究也得到了不同的结论。朱江(1999)在利用我国上市公司 1997 年的数据进行的研究中,发现整体上多元化程度和经营业绩之间没有显著的因果关系,但多元化能够降低企业的风险。金晓斌等(2002)以 1998—2000 年的上市公司为研究样本发现,多元化经营本身是中性的,但多元化经营的方式与边界与经营绩效之间存在显著的相关性。张翼、刘巍、龚六堂(2005)以 2002 年的上市公司为研究样本却发现,在我国进行多元化经营会降低企业绩效而无助于减小企业风险。洪道麟等(2006)则从多元化并购的角度研究了多元化与企业绩效之间的关系,他们发现在 1999—2003 年间,多元化并购会给收购方的股东带来损失。

相对而言,关于多元化与企业风险之间关系的研究则要少得多,虽然企业绩效与企业风险是一个问题的两个方面,绩效好则风险小,但它们并不完全等同,因此,研究多元化与企业风险的关系可能会得到一些有意义的结论。Montgomery 和 Singh(1984)首先研究了企业多元化战略与系统风险之间的关系,他们用 Beta 系数来衡量系统风险,发现系统风险的大小和多元化类型有关,其中不相关多元化企业的系统风险要显著高于其他企业。Barton(1988)在控制了资本集中度、财务杠杆等因素后,也发现了同样的结论。Chang 和 Thomas(1989)采用 ROA 的方差衡量企业风险,却发现企业风险与多元化类型之间没有显著关系,多元化企业的风险大小与企业的规模显著负相关,与企业所在行业的风险显著正相关。

在国内也有几篇文献研究了中国企业的多元化与企业风险之间的关系。例如,前文已经提到,朱江(1999)发现多元化能够降低企业的风险,姜付秀、刘志彪、陆正飞(2006)发现我国上市公司的多元化能降低企业收益的波动程度,而张翼、刘巍、龚六堂(2005)却发现多元化不能降低企业风险。陈莉和张卓(2005)发现相关多元化能带来企业系统风险的下降。

从上述文献可以看出,较少有文献从制度环境角度研究企业的多元化问题,而对于我国企业多元化研究来说,遗漏中国制度背景将会严重影响论文结论的普遍性和科学性。

因此,本章选择从政治关联这一特定的制度背景角度来进行探讨。

企业的政治关联问题是近年来逐渐兴起的一个重要的研究主题。在Faccio(2006)考察的 47 个国家的企业中,有 35 个国家的企业具有她所定义的政治关联,但这些政治关联主要还是集中在那些腐败较严重、对外国投资限制较严的国家的企业中,而这些国家主要是新兴市场国家,对于新兴市场国家而言,它们的企业的政治关联程度更深,对企业的影响更大。

目前关于政治关联方面的文献还很少,现有文献主要形成了如下两点研究结论:(1)政治关联能为企业带来诸多好处。例如,更多的贷款、更优惠的税率、更高的市场占有率等(Faccio,2006);在面临困境时,政治关联企业更容易获得政府的帮助(Faccio et al.,2006);能获得更多及更长期的银行贷款(Fan et al.,2006;余明桂和潘红波,2008)。(2)政治关联会显著影响企业的经济后果,但这种影响是多方面的。Faccio(2006)发现,在企业的管理者建立政治联系后,企业价值显著上升。潘红波、夏新平和余明桂(2008)以地方政府控制的上市公司收购非上市公司的事件为背景,研究了并购前后上市公司市场业绩的变化,发现企业政治关联可以保护企业产权免受地方政府损害。而更多的文献则发现政治关联对经济后果造成的影响是负面的。例如,Chaney 等(2007)发现,政治关联企业的会计信息质量显著低于非政治关联企业;Chen 等(2007)发现,对政治关联企业而言,分析师的预测误差明显大于非政治关联企业;Faccio 等(2006)发现,虽然政治关联企业在陷入困境后更容易获得政府的支持,但获得支持后的业绩显著下降,并显著落后于非政治关联企业。Fan 等(2007)考察了中国上市公司的政治关联对 IPO 前后的业绩变化的影响,发现政治关联企业在 IPO 后,业绩下降幅度显著低于非政治关联企业。

正如我们已经指出的,我国作为转轨经济国家,政府与企业的关系是国家经济中的一个重要问题,也是我们在研究中必须重点关注的问题,而如何从企业多元化等微观层面研究政企关系正是我们目前应该研究的重要问题。正因为如此,本章选择从政治关联角度研究其对企业多元化及股票市场风险的影响。

2.3 研究假说与回归模型

在新兴市场中,产权的缺失及不稳定的政治结构会增加企业经营的不确定性,导致企业难以通过内部扩张或对外并购的方式成长,在这种环境中,通过构建关系网络将降低不确定性(Peng and Heath, 1996)。新兴市场中的企业如果不能和当地政府建立良好的关系,它们将难以获得竞争优势。反之,和政府的良好关系将是企业的一项无形资产,使企业从中受益,如获得有严格限制的行业准入执照(Hoskisson et al., 2000)等。其他一些研究也发现了类似的结论。例如,Faccio(2006)通过对 47 个国家的企业进行研究发现,具有政治关联的企业获得了更高额度的贷款、更优惠的税率及更高的市场占有率。Faccio 等(2006)以 35 个国家的企业为研究对象发现,在面临困境时,政治关联企业更容易获得政府的帮助。Fan 等(2006)以中国企业为研究对象也发现,和当地高级官员有紧密联系的企业获得了更多及更长期的银行贷款。

对处于转轨经济过程中的中国市场来说,多元化资源属于一项稀缺资源,地方政府在资源分配过程中起着举足轻重的作用,具体表现在如下一些方面:首先,企业要想进入某个行业,就必须获得政府的认可,特别是那些政府严格管制和保护的行业,一般企业是很难进入的;其次,即使企业获准进入某个行业,但如果没有政府在资金、优惠政策等方面的支持,就会间接地增加企业在该行业经营的困难,从而迫使企业退出该行业。陈信元、黄俊(2007)的研究就表明,由于政府的干预,政府直接控股的上市公司更易实行多元化经营;李强、刘善敏(2007)的研究也表明,政府对企业的多元化战略具有显著影响。

在上述背景下,那些和当地政府有着良好关系的企业就更容易通过寻租获得更多的多元化资源。从当地政府和官员的角度来看,为了获取经济租金和政治租金,他们也乐于为那些和自身有着良好关系的企业提供更多的机会。他们支持政治关联企业进行多元化经营的途径包括:通过降低进入门槛,帮助这些企业进入新的行业;通过提供资金和土地、降低税率、给予优惠政策等措施,帮助企业实现跨行业经营;等等。从企业的角度来看,现实中的管理者普遍都有多元化经营的冲动(Jensen,1986),例如,从本章的研究样本来看,多元化经营企业的比例达到了 93.81%,这种强烈的多元化动机会促使他们积极地通过政治关联获取更多的多元化资源,从而使得企业的多元化程度上升。因此,我们可以预期,政治关联企业更容易获得多元化资源,从而多元化程度也更大。基于上述分析,我们提出如下假说:

假说 1:政治关联企业的多元化程度大于非政治关联企业。

从现有文献来看,关于企业多元化与企业的股票市场风险之间关系的研究没有得到一致的结论。Montgomery 和 Singh(1984)首先研究了企业多元化与贝塔之间的关系,他们发现非相关多元化与贝塔之间存在显著的正相关关系,而且相关程度大于其他类型的多元化。Barton(1988)也发现了相同的结论。但 Adaptation(1988)和 Thompson(1984)分别以美国和英国的上市公司为研究样本,均没有发现多元化和贝塔之间存在显著的正相关关系。陈莉和张卓(2005)以中国上市公司为样本,发现非相关多元化的企业伴随着较高的贝塔值。

投资者对企业的多元化到底持什么态度是一个很难估计的随机变量,因为企业的多元化仅仅是一种经济现象,不同企业的多元化背后可能隐藏着不同的制度因素,即便是不同公司的多元化类型和程度相同,也可能有着完全不同的制度因素。投资者可能更感兴趣的是多元化背后的制度因素,而非多元化本身,因为在我国这种法律保护薄弱的市场上,真正决定投资者财富的可能是制度因素。如果企业具有政治关联背景,说明企业和政府之间存在较密切的关系,这一制度因素对企业将来的发展应该是积极的,投资者若能够识别这一点,那么他们将对政治关联企业实施的多元化给予积极的正向反应,从而使得企业的市场风险得到降低。基于上述分析,我们提出如下假说:

假说 2:政治关联企业实施多元化带来的股票市场风险要小于非政治关联企业。

为了验证假说 1,我们运行如下的 OLS 回归模型:

$$DIV = \alpha_0 + \alpha_1 Political + \alpha_2 Ownership + \alpha_3 Lev + \alpha_4 Size + \alpha_5 Age + \sum_{i=1}^{4} \alpha_{1i} Year_j + \sum_{j=1}^{11} \alpha_{2j} Ind_j + \varepsilon \qquad (1)$$

DIV 为企业多元化程度变量,借鉴相关研究的做法,本章用 3 个变量来衡量:第一个为收入熵(EI),其公式为: $EI = \sum\limits_{i=1}^{n} p_i \ln(1/p_i)$ 。其中 p_i 为某企业第 i 行业的收入占总收入的比重,n 为该企业所涉及的行业数。企业的多元化程度越高,EI 的值越大,当企业专业化经营时,值为 0。该指标较为精确地衡量了企业的多元化程度,因而得到了广泛的应用。

第二个为收入的 herfindahl 指数(HHI),公式为: $HHI = \sum\limits_{i=1}^{n} p_i^2$,企业的多元化程度越高,HHI 的值越小,当企业专业化经营时,值为 1。

第三个为企业主营业务收入所涉及的行业个数(N)。企业的多元化程度越高,N 的值越大,当企业专业化经营时,值为 1。

Political 为政治关联变量。从现有文献来看,界定企业是否具有政治关联的方式有如下几种:其一,如果企业至少有一个大股东或高管(CEO、董事长、副董事长、董事会秘书)有政治关联,则将该企业界定为政治关联企业(Chaney et al.,2007;Faccio,2006);其二,如果企业的 CEO 有政治关联,则将该企业界定为政治关联企业(Fan et al.,2007)。考虑到对中国企业来说,总管理者或董事长往往对企业有着举足轻重的影响,因此,如果企业的总管理者或董事长有政治关联,则将该企业界定为有政治关联。我们借鉴 Fan 等(2007)、潘红波、夏新平和余明桂(2008)的做法,有政治关联的人员是指现任或前任的政府官员、人大代表或政协委员。这些数据根据上市公司披露的总管理者和董事长的背景资料判断整理。根据假说 1,预计 *Political* 和多元化程度呈正相关关系。

根据相关文献,模型中还控制了其他一些影响因素。*Ownership* 为企业的实际控制人类别,实际控制人为国有股东取 1,否则取 0。对国有企业来说,因为和政府的天然联系,有更多的机会获得多元化资源,因此,预计该变量和多元化程度呈正相关关系。*Lev* 为负债比率,用总负债与总资产的比值表示。从实质上来说,企业多元化属于企业的一种扩张行为,而根据 Jensen(1986)的自由现金流理论,企业的负债具有抑制企业扩张的作用,因此,预计该变量和多元化程度呈负相关关系。*Size* 为企业规模,用总资产的自然对数表示。一般来说,规模越大的企业资源越充足,越有能力进行多元化经营,有研究也证实了这一点(Denis et al.,1997)。因此,预计该变量和多元化程度呈正相关关系。*Age* 为企业年龄,用企业上市年限表示。一般来说,企业年龄越大,业务越成熟,原有的业务可能难以满足企业的经营需要,从而实施多元化。有研究也发现企业年龄越大,多元化程度越高(Denis et al. ,1997;张翼、李习、许德音,2005)。因此,预计该变量和多元化程度呈正相关关系。此外,在模型中还控制了年度变量(Year)和行业变量(Ind)。

为了验证假说2,我们运行如下的 OLS 回归模型:

$$Beta = \beta_0 + \beta_1 DIV + \beta_2 DIV \times Political + \beta_3 ROA + \beta_4 TobirlQ +$$
$$\beta_5 Lev + \beta_6 Size + \beta_7 Age + \sum_{j=1}^{4} \beta_{1j} Year_j + \eta \tag{2}$$

Beta 为企业风险变量,用年度贝塔系数表示,该指标的值越大,表示企业的风险越大,它是类似研究中应用最频繁的指标(Montgomery and Singh,1984;Barton,1988;Adaptation,1988;陈莉和张卓,2005),该指标直接取自 CCER 数据库。根据假说 2,DIV 的回归系数为正,DIV×Political 的回归系数为负。ROA 为企业的资产收益率,衡量企业的盈利能力,盈利能力越强,企业的风险越低,因此,预计该变量的回归系数为负。Tobin'Q 为企业的成长性,成长性越好,企业的风险越低,因此,预计该变量的回归系数为负。企业负债比率越大,风险越大,因此,预计 Lev 的回归系数为正。企业规模越大,年龄越大,抗风险能力越强,风险越小,因此,预计Size 和 Age 的回归系数为负。上述控制变量的回归系数方向和有关文献的研究结果一致(Thompson,1984;姜付秀、刘志彪、陆正飞,2006)。此外,在模型中还控制了年度变量(Year)。

2.4 研究样本与描述统计

本章的研究样本为 2002—2006 年间深、沪两市的 A 股上市公司,之所以选择从 2002 年开始,主要是因为本章的多元化程度变量需要用到上市公司的分行业收入等指标,而这类信息的披露从 2002 年开始才趋于规范。为了保证样本的规范性,我们对样本进行了如下筛选:(1)由于金融类公司会计标准具有特殊性,对这类公司进行了剔除;(2)剔除数据不全的公司;(3)为了避免上市对有关数据的影响,剔除了当年上市的样本;(4)剔除存在 1% 和 99% 分位数之外的异常值的样本。最后得到 6 092 个样本,共1 367 家公司。本章的财务数据取自 CCER 数据库,多元化数据取自天相数据库,政治关联数据根据公司公告等信息手工整理得到。

表 2-1 报告了样本的分布情况。在 6 092 个研究样本中,有 93.81% 的

样本属于多元化经营样本,占绝大多数,表明我国上市公司普遍存在多元化经营。此外,有 38.57% 的样本属于政治关联企业,占有相当大的比重,表明政治关联在我国上市公司中也是一个比较普遍的现象。

表 2-1   样本分布

多元化样本分布			政治关联样本分布		
	样本量	比重		样本量	比重
专业化公司	377	6.19%	非政治关联企业	3 742	61.43%
多元化公司	5 715	93.81%	政治关联企业	2 350	38.57%
合计	6 092	100%	合计	6 092	100%

表 2-2 报告了变量的描述性统计情况。为了比较政治关联对企业的影响,我们首先将样本分为非政治关联企业和政治关联企业对变量分别进行了描述,然后对全样本进行了描述。从全样本来看,EI 的最大值为 2.713 8,最小值为 $-1.814\ 1$,表明样本公司的多元化程度相差较大,均值和中位数分别达到 0.749 0 和 0.738 8,也处于一个较高的水平,表明样本公司的多元化程度较高。HHI 的均值和中位数分别为 0.456 9 和 0.390 3,N 的均值和中位数分别为 4.424 0 和 4,表明样本公司平均同时在 4.424 0 个行业进行经营,多元化程度较大,最大值和最小值分别为 29 和 1,样本公司之间的差别较大。从 $Beta$ 来看,公司间的差异也较大,均值和中位数均接近 1,表明我国上市公司的股票市场风险并不大。其余几个变量在不同样本公司之间差异也都较大。从子样本来看,政治关联企业的 EI 的均值和中位数大于非政治关联企业、N 的均值大于非政治关联企业、HHI 的均值和中位数小于非政治关联企业,初步表明前者的多元化程度大于后者;但从企业风险($Beta$)来看则刚好相反,政治关联企业的风险要小于非政治关联企业。政治关联企业的负债率和年龄都要小于非政治关联企业,规模要大于后者,但差异都不是很大。

表 2-2   变量描述统计

	均 值	中位数	最大值	最小值	标准差
Panel A 非政治关联企业					
EI	0.737 5	0.716 0	2.369 3	$-1.814\ 1$	0.506 9
HHI	0.465 9	0.402 4	5.186 8	0.000 0	0.397 7
N	4.355 7	4.000 0	25.000 0	1.000 0	2.415 3
$Beta$	1.110 5	1.119 9	2.238 1	$-0.182\ 0$	0.312 5

（续表）

	均 值	中位数	最大值	最小值	标准差
ROA	0.005 4	0.022 7	0.510 2	−1.752 0	0.131 9
Tobin'Q	1.088 8	0.930 1	33.398 3	−23.840 7	1.054 3
Lev	0.569 3	0.514 6	23.799 2	0.000 2	0.742 4
Size	21.158 1	21.097 8	26.690 0	12.314 3	1.021 5
Age	6.747 5	7.000 0	16.000 0	1.000 0	3.245 5
Panel B 政治关联企业					
EI	0.767 4	0.767 2	2.713 8	−0.825 3	0.502 0
HHI	0.442 6	0.371 0	3.492 6	0.000 0	0.384 1
N	4.532 8	4.000 0	29.000 0	1.000 0	2.544 9
Beta	1.090 1	1.093 9	3.397 6	0.045 3	0.302 9
ROA	0.010 2	0.022 8	0.409 8	−1.787 4	0.114 1
Tobin'Q	1.072 2	0.923 0	45.256 0	0.265 4	1.228 8
Lev	0.563 8	0.506 1	43.075 2	0.024 7	1.009 8
Size	21.268 5	21.179 1	27.111 1	17.484 1	1.000 7
Age	6.521 3	6.000 0	16.000 0	1.000 0	3.234 6
Panel C 全样本					
EI	0.749 0	0.738 8	2.713 8	−1.814 1	0.505 2
HHI	0.456 9	0.390 3	5.186 8	0.000 0	0.392 6
N	4.424 0	4.000 0	29.000 0	1.000 0	2.467 4
Beta	1.102 7	1.110 1	3.397 6	−0.182 0	0.309 0
ROA	0.007 3	0.022 8	0.510 2	−1.787 4	0.125 4
Tobin'Q	1.082 4	0.927 6	45.256 0	−23.840 7	1.124 8
Lev	0.567 2	0.511 5	43.075 3	0.000 2	0.855 4
Size	21.200 7	21.126 6	27.111 1	12.314 3	1.014 9
Age	6.660 3	7.000 0	16.000 0	1.000 0	3.242 9

表 2-3 报告了变量之间的 $Pearson$ 相关系数。$Political$ 和 EI、N 之间的相关系数均显著为正,和 HHI 之间的相关系数显著为负,初步表明政治关联对企业的多元化程度确实有显著的正向影响;EI 和 $Beta$ 之间的相关系数在 1% 水平显著为正,HHI 和 $Beta$ 之间的相关系数在 1% 水平显著为正,但 N 和 $Beta$ 之间的相关系数虽然为正但不显著,初步表明多元化导致

企业风险的上升;而 *Political* 和 *Beta* 之间是显著的负向关系,表明政治关联能起到降低股票市场风险的作用。此外,自变量之间的相关系数都较小,而且 *VIF* 值也都小于 10(未报告),表明自变量之间不存在明显的多重共线性问题。

表 2-3   Pearson 相关系数

	EI	*HHI*	*N*	*Beta*	*Political*	*ROA*	*Tobin'Q*	*Lev*	*Size*
EI	1.000								
HHI	−0.755 ***	1.000							
N	0.695 ***	−0.423 ***	1.000						
Beta	0.033 ***	−0.033 ***	0.017	1.000					
Political	0.029 **	−0.029 **	0.035 ***	−0.032 ***	1.000				
ROA	0.053 ***	−0.000	0.058 ***	−0.170 ***	0.019	1.000			
Tobin'Q	−0.086 ***	0.035 ***	−0.092 ***	−0.032 **	−0.007	−0.396 ***	1.000		
Lev	−0.060 ***	0.024 *	−0.047 ***	0.035 ***	−0.003	−0.446 ***	0.865 ***	1.000	
Size	0.073 ***	0.027 **	0.160 ***	−0.145	0.052 ***	0.296 ***	−0.307 ***	−0.176 ***	1.000
Age	−0.102 ***	0.051 ***	−0.084 ***	0.033 ***	−0.034 ***	−0.104 ***	0.116 ***	0.114 ***	0.026 **

注:*、**、*** 分别表示在 10%、5%、1%水平显著。

表 2-4 报告了政治关联与多元化程度的分组检验结果。从表中可以看出,政治关联企业的 *EI* 和 *N* 的均值和中位数都显著大于非政治关联企业、*HHI* 的均值和中位数显著小于非政治关联企业,表明政治关联企业的多元化程度显著大于非政治关联企业,初步支持了假说 1。

表 2-4   分组检验

	有政治关联公司	无政治关联公司	t 检验	Wilicoxon 检验
EI 均值	0.767	0.737	−2.244 **	
EI 中位数	0.767	0.716		−2.283 **
HHI 均值	0.443	0.466	2.728 ***	
HHI 中位数	0.371	0.402		2.251 **
N 均值	4.533	4.356	−2.728 ***	
N 中位数	4.000	4.000		−2.809 ***

注:*、**、*** 分别表示在 10%、5%、1%水平显著。

2.5　实　证　结　果

表 2-5 报告了政治关联对企业多元化影响的 OLS 回归结果,即模型 (1)的回归结果。在模型中,被解释变量为 DIV,解释变量为 $Political$。根据我们设置的三个 DIV 变量,我们得到了三个回归结果,被解释变量依次为 EI、N 和 HHI。从回归结果来看,在前两个回归结果中,$Political$ 的回归系数均显著为正;在第三个回归结果中显著为负,表明在控制了其他一些影响因素后,政治关联变量与多元化程度变量之间存在显著的相关关系,从而支持了假说 1,表明政治关联企业的多元化程度要高于非政治关联企业。

从控制变量的回归结果来看,$Ownership$ 的回归结果不太理想,而且符号也和预计的不太相符,表明企业的控制权性质对多元化程度没有太大的影响。Age 在前两个回归结果中都显著为负,在第三个回归结果中显著为正,与预计的不一致,表明上市年限越短的上市公司的多元化程度越大,其原因可能是因为这些公司通过上市融资获得了更多的资金,从而进行多元化扩张,也可能是因为改制上市时,为了获得上市资格,大股东将更多的业务投入到了上市公司中。Lev 和 $Size$ 的回归系数与预计的基本一致,负债率越小、规模越大,企业的多元化程度越大。

表 2-5　　　　　　　　　　政治关联与多元化程度回归结果

		EI			N			HHI	
	预计符号	估计系数	t	估计系数	t	预计符号	估计系数	t	
截距项		0.027	0.19	0.104	0.92		−4.405	−6.29***	
$Political$	+	0.036	2.77***	0.134	2.10**	−	−0.022	−2.11**	
$Ownership$	+	−0.003	−0.23	0.082	1.15		0.019	1.67*	
Age	+	−0.018	−8.26***	−0.069	−6.60***		0.009	5.32***	
Lev	−	−0.021	−2.86***	−0.025	−0.69	+	0.013	2.17**	
$Size$	+	0.050	7.43***	0.461	14.23***	−	0.001	0.23	
$Year_i$		控制		控制			控制		
Ind_i		控制		控制			控制		
观测值		6 092		6 092			6 092		
F 值		23.08***		25.04***			17.61***		
$Adj\text{-}R^2$		0.07		0.07			0.05		

注:被解释变量为多元化程度;*、**、***分别表示在 10%、5%、1%水平显著。

表 2-6 报告了模型(2)的回归结果,考察了政治关联、多元化与股票市场风险之间的关系。被解释变量为 $Beta$,解释变量为 DIV 及其与 $Political$ 的交叉项。同样,根据我们设置的三个 DIV 变量,得到了三个回归结果,DIV 依次为 EI、N 和 HHI。回归结果显示,在前两个回归结果中,DIV 的回归系数均在 1% 水平显著为正;在第三个回归结果中虽然回归系数为负,但不显著,在一定程度上表明对于非政治关联企业来说,多元化程度和股票市场风险之间存在显著的正相关关系,多元化程度越高,风险越大。从 DIV 与 $Political$ 的交叉项的回归系数来看,在第一个回归结果中显著为负,在第三个结果中显著为正,而在第二个结果中虽然为负,但不显著,在一定程度上表明政治关联企业实施多元化所带来的市场风险要小于非政治关联企业,从而在一定程度上支持了假说 2,表明在控制了其他一些影响因素后,政治关联企业实施多元化所带来的股票市场风险要小于无政治关联企业。

表 2-6   政治关联、多元化与市场风险回归结果

	预计符号	EI		预计符号	N		预计符号	HHI	
		估计系数	t		估计系数	t		估计系数	t
截距项		2.089	23.11***		2.112	23.34***		2.096	23.16***
DIV	+	0.032	3.83***		0.005	2.79***	−	−0.011	−1.07
$Political \times DIV$	−	−0.015	−1.74*		−0.002	−1.06	+	0.021	1.65*
ROA		−0.357	−10.22***		−0.356	−10.18***		−0.354	−10.12***
$Tobin'Q$	−	−0.083	−11.40***		−0.083	−11.37***		−0.084	−11.46***
Age		0.005	3.66***		0.004	3.50***		0.004	3.42***
Lev	+	0.072	7.55***		0.072	7.49***	+	0.073	7.59***
$Size$		−0.049	−11.85***		−0.05	−11.96***		−0.048	−11.56***
$Year_i$		控制			控制			控制	
观测值		6 092			6 092			6 092	
F 值		55.61***			55.73***			56.42***	
$Adj\text{-}R^2$		0.09			0.09			0.09	

注:被解释变量为 $Beta$;*、**、*** 分别表示在 10%、5%、1% 水平显著。

从控制变量的回归结果来看,ROA 的回归系数显著为负,与预计的一致,表明企业盈利能力越强,风险越小。$Tobin'Q$ 的回归系数显著为负,也

与预计的一致,表明企业成长性越好,风险越小。Age 的回归系数显著为正,与预计的相反,表明上市年限越长的企业的风险越大,其原因可能在于上市年限越长,不确定性因素越多,从而造成风险的上升。Lev 的回归系数为正,但不显著。Size 的回归系数显著为负,表明企业规模越大,风险越小。

为了验证上述结论的可靠性,我们进行了稳健性测试。我们将风险变量替换为上市公司股票周收益率的方差(股票收益波动),对模型(2)重新进行了回归分析,结果见表 2-7。回归结果和表 2-6 基本一致,表明上述结论是可靠的。

此外,因为本章的样本中包含 ST 公司,而这类公司的风险一般较大,我们将它们进行了剔除,重新进行了回归分析,发现结论保持不变。

表 2-7 政治关联、多元化与市场风险回归结果

	预计符号	EI			N		预计符号	HHI	
		估计系数	t	估计系数	t			估计系数	t
截距项		79.837	27.84 ***	80.027	27.88 ***			79.849	27.83 ***
DIV	+	0.423	1.61 *	0.055	1.02		—	−0.124	−0.37
$Political \times DIV$	—	−0.707	−2.62 ***	−0.086	−1.79 *		+	0.797	1.93 *
ROA	—	−11.422	−9.79 ***	−11.408	−9.77 ***		—	−11.355	−9.73 ***
$Tobin'Q$	—	−0.04	−0.16	−0.041	−0.17		—	−0.041	−0.17
Age	—	0.301	7.73 ***	0.3	7.72 ***		—	0.302	7.80 ***
Lev	+	0.182	0.59	0.181	0.59		+	0.19	0.62
$Size$	—	−1.657	−12.56 ***	−1.665	−12.51 ***		—	−1.644	−12.45 ***
$Year_i$		控制		控制				控制	
观测值		6 092		6 092				6 092	
F 值		291.77 ***		291.23 ***				291.53 ***	
$Adj\text{-}R^2$		0.35		0.35				0.35	

注:被解释变量为股票收益波动;*、**、*** 分别表示在 10%、5%、1% 水平显著。

2.6 研究结论

随着我国改革开放进程的逐步深入,以及我国经济的蓬勃发展,我国

企业多元化经营的程度越来越大,这一问题也日益成为我国学术界研究的热点。但我国的转轨经济背景决定了我们不能单纯地从企业特征等层面研究我国企业的多元化问题,因为企业多元化的程度以及相应的经济后果在很大程度上不是由企业特征决定的,我国特定的制度环境在其中起着重要、有时甚至是决定性的作用。

正是基于上述原因,本章选择从政府与企业的关系这一制度背景出发考察了我国上市公司的多元化问题。具体来说,本章以 2002—2006 年间我国证券市场的非金融类上市公司为研究样本,研究了政治关联对企业多元化经营及风险的影响。研究发现,政治关联显著地影响了企业的多元化经营,表现为政治关联企业的多元化程度要显著高于非政治关联企业,表明政治关联确实为企业带来了更多的多元化资源;我国上市公司的多元化经营会带来企业股票市场风险的上升,但政治关联企业实施的多元化带来的企业风险的上升程度显著低于非政治关联企业,表明政治关联作为一种替代机制确实能够得到市场的认可。本章的研究丰富了企业多元化及政企关系方面的文献,同时为我国的经济改革提供了参考依据。

第 3 章

政治关联与信贷资源配置

3.1 引　　言

政府与企业的关系是经济改革与发展中的重大问题,而政治关联则是政府与企业关系的具体化。已有研究发现,政治关联能为企业带来更多的资源,包括更多的政府援助(Faccio et al.,2006)、更低的税率(Adhikari et al.,2006),以及更高额度的银行贷款(Fan et al.,2008;Claessens et al.,2008)等。然而,政治关联对国民经济的影响,不仅仅在于它对资源配置的影响,更在于其对资源配置效率的影响。如果政治关联企业在获得更多的资源后,能够高效地予以使用,提升了企业价值,则说明政治关联能够提高资源配置效率;相反,如果政治关联企业在获得更多的资源后,未能高效地予以使用,从而造成资源浪费,降低了企业价值,则说明政治关联降低了资源配置的效率。因此,政治关联如何影响资源配置效率问题,是一个事关国民经济改革与发展的亟待予以回答的重大问题。

特别地,我国正处于经济改革的关键时期,经济资源的稀缺性特征尤其突出,在此背景下,资源配置效率的高低无疑会对我国的改革进程与发展轨迹产生重要影响。我国要提高改革的效率和效果,就不能不考虑企业的政治关联对资源配置效率乃至对国民经济的重要影响。因此,关于我国企业的政治关联与资源配置效率关系的研究对我国的经济改革具有重要的参考价值。

本章以我国民营上市公司为研究样本,考察了政治关联对我国信贷资源配置效率的影响。我们首先检验了政治关联是否有助于企业获得信贷资源;接着,针对已有研究没有讨论信贷资源配置效率这一问题,我们从过度投资和企业价值角度,研究了政治关联对信贷资源配置效率的影响。研究结果表明:相对于非政治关联企业来说,政治关联企业获得了更多的长期银行贷款,这和已有文献的结论一致;但政治关联企业获得的贷款越多,越容易过度投资,进而对企业价值产生负面影响。上述结果表明,政治关联对信贷资源配置效率有着显著的负面影响,会导致信贷资源配置出现偏差,这显然会对我国的国民经济产生不利影响。

本章的研究贡献在于:在已有文献的基础上,本章进一步考察了政治关联对资源配置效率的影响,得到了与已有文献不同的结论。已有文献普遍都认为,政治关联能为企业带来更多的资源,因此,它是法律保护的一种替代机制(余明桂和潘红波,2008;胡旭阳,2006),而本章的研究结论则表明,政治关联虽然能为企业带来更多的资源,但它会降低资源配置的效率,对国民经济具有不利的影响;本章的结论也为非正式制度安排的低效性提供了证据,深化了非正式制度方面的研究,从而拓展了政治关联研究领域的文献,同时也为我国正在进行的市场化改革提供了依据。

本章后面的结构安排如下:第二部分是文献回顾,主要对国内外政治关联方面的文献进行回顾和梳理;第三部分是制度背景与研究假说,在对制度背景进行分析的基础上提出本章待检验的研究假说及回归模型;第四部分是回归模型与变量;第五部分是研究样本与描述统计;第六部分是回归结果;最后是本章的研究结论。

3.2 文 献 回 顾

从国内外的研究现状来看,现有文献主要从政治关联与企业资源配置、政治关联与企业价值等方面展开研究。

3.2.1 政治关联与企业资源配置

能否获得所需的经济资源将直接决定企业的竞争能力,而政治关联能够帮助企业获得更多的投资与融资等方面的经济资源。

首先,从投资来看,政治关联可以帮助企业从政府手中获取更多的优惠政策、投资项目等方面的支持,使得企业有更多的投资机会及更强的投资能力。一个典型的例子是,我国的民营企业在许多方面受到歧视,例如,它们所受到的行业限制较大,使得它们很难进入一些管制性或垄断性行业,但有政治关联的企业因为能够得到政府的支持,更容易进入金融等管制性行业进行经营(胡旭阳,2006;罗党论和唐清泉,2009)。同样,政治关联企业由于在跨行业经营方面受到政府的各项优惠政策的支持,因此越容易获得多元化资源,进行多元化经营(张敏和黄继承,2009)。政治关联可以帮助企业降低融资约束,减少与政府协调的成本,从而提高投资效率(陈运森和朱松,2009)。

其次,从融资来看,政治关联可以帮助企业获取更多的信贷资金、补贴等资金支持。作为企业最主要的资金来源之一,银行信贷资金的作用不言而喻,因而更多的企业会动用政治关联关系获取更多的信贷资金。例如,在巴基斯坦,有政治关联的企业获得了更多的银行贷款,但更容易违约(Khwaja and Mian,2005);在巴西的国会议员选举过程中,那些为当选的议员提供了资金支持的企业获得了更多的银行贷款(Claessens et al.,2008)。在印度尼西亚,有政治关联的企业更喜欢在国内融资,而不愿意到国外融资,因为他们在国内通过政治关联更容易获得资金(Leuz and Oberholzer-Gee,2006)。政治关联企业有着更高的财务杠杆,更多的是在管制行业内经营,而且有着更高比例的国有股权(Boubakri et al.,2008)。在国内,那些和政府官员有着紧密联系的企业能获得更多及更长期的银行贷款,但随着这些政府官员因为腐败而下台,这些企业的贷款额显著下降,贷款期限显著缩短(Fan et al.,2008)。在我国,民营企业往往会受到信贷歧视,但有政治关联的民营企业更容易获得银行贷款(Li et al.,2008)。而且政治关联企业所获得的更多是长期贷款,在金融发展越落后、法制水平越低和政府侵害产权越严重的地区,政治关联的贷款效应越显著(余明桂和潘红波,2008)。或者说,有政治关联的民营企业所受的融资约束较小,在金融发展水平越低的地区,政治关联的这种作用越明显(罗党论和甄丽明,2008)。其他一些研究也发现了类似的结论(宁宇新和柯大钢,2009;薛玉莲,2008)。政治关联除了对企业的信贷融资具有重要的影响,而且对权益融资也有显著作用。例如,有政治关联的企业在上市过程中,发行价格更高、抑价程度更低、发行成本更低(Francis et al.,2009)。

还有研究结果表明,在面临困境时,政治关联企业更容易获得政府的帮助,从而摆脱困境;当这些企业的所在国获得国际货币基金组织或世界银行的援助时,政治关联企业更容易获得这些援助(Faccio et al.,2006)。有政治关联的企业的实际税率显著低于其他企业,因而其承担的税负较轻(Adhikari et al.,2006)。在企业上市过程中,当企业的承销商具有政治关联时,承销费用显著要高(Butler et al.,2009)。我国上市公司中具有政府部门任职背景的董事比例越高,上市公司在 IPO 后获得的补贴收入也越多(陈冬华,2003)。有政治关联的民营企业在陷入困境后更容易获得政府补助(潘越等,2009)。

3.2.2 政治关联与企业价值

政治关联对企业价值的影响可能是正面的,也可能是负面的,正面的影响体现在如下一些方面:(1)在企业建立政治联系后,企业价值会显著上升(Faccio,2006)。(2)当和政治关联企业有着密切关系的政府官员死亡时,这些企业的市场价值显著下降,它们的销售增长率和贷款额也随之显著下降(Faccio and Parsley,2009)。(3)以印度尼西亚上市公司为例,当印度尼西亚总统苏哈托的健康状况较差时,那些和苏哈托有着密切联系的企业的股价显著下降;而当苏哈托的健康状况好转时,这些企业的股价又显著上升(Fishman,2001)。(4)在亚洲金融危机期间的马来西亚,由于政府对资本流动的管制及对与总统马哈蒂尔有关联的企业的支持,使得这些企业的股票收益高出其他企业 40.3%(Johnson and Mitton,2003)。(5)在第二次世界大战期间,那些和纳粹有着密切联系的企业获得了显著的超额收益(Ferguson and Voth,2008)。而负面的影响体现在:(1)虽然政治关联企业在陷入困境后更容易获得政府的支持,但获得支持后的数年内业绩显著下降,并显著落后于非政治关联企业(Faccio et al.,2006)。(2)政治关联企业在 IPO 后,由于管理层缺乏经营能力,企业的会计业绩和市场价值都显著低于非政治关联企业(Fan et al.,2007)。

国内有不少学者研究了我国企业的政治关联对企业价值的影响,普遍发现政治关联对企业价值有显著的正面影响。李善民和朱滔(2006)以我国证券市场的多元化并购事件为研究样本,发现政治关联对并购绩效有显著的积极作用。潘红波、夏新平和余明桂(2008)以我国地方政府控制的上市公司收购非上市公司的事件为研究样本,发现企业的政治关联可以保护企业产权免受地方政府损害。吴文锋、吴冲锋和刘晓薇(2008)以我国民营上市公司为研究样本,发现高管的地方政府工作背景对企业价值有显著的正面影响,在政府干预越严重的地区,这种正面影响的程度越大。罗党论和黄琼宇(2008)也发现有政治关联的民营企业价值更高。雷光勇、李书锋和王秀娟(2009)以我国上市公司为研究样本,发现政治关联对企业价值有正面影响,而且市场化程度越低,正面影响的程度越大。与此同时,有文献也发现政治关联会损害企业价值(邓建平和曾勇,2009),也有文献发现政治关联对企业价值的影响具有多重性。例如,王庆文和吴世农(2008)发现政治关联能提升非国有企业的业绩,但会损害国有企业的业绩。胡永平和张宗益(2009)则发现,董事长政治关联对企业业绩有正面影响,而总经理政治关联对企业业绩有负面影响。杜兴强和周泽将（2009）发现关键高管的政治联系对企业业绩有促进作用，非关键高管的政治联系降低了企业业绩，独立董事的政治联系对企业业绩无显著影响。杜兴强、郭剑花和雷宇（2009）发现民营上市公司的政府官员类政治联系对公司业绩有显著负面影响；而代表委员类政治联系对公司业绩有显著正面影响。

　　上述文献的缺陷主要在于：第一类文献普遍都局限于研究政治关联对资源配置的影响，而未能深入研究其对资源配置效率的影响，从而难以合理判断政治关联对国民经济的影响；第二类文献普遍都直接研究政治关联对企业价值或业绩的影响，而未能提供具体的影响途径。本章在已有文献的基础上，从长期银行贷款角度研究了政治关联对资源配置效率的影响，对现有文献进行了推进。

3.3　制度背景与研究假说

3.3.1　制度背景

　　中国的社会主义政治制度决定了国有企业在中国经济中的绝对主导地位，在改革开放前，中国几乎没有严格意义上的民营企业，随着改革开放的深入，民营企业蓬勃发展起来，现在已经成为中国经济中的生力军。但是，一直以来，民营企业在许多方面都面临着严重的所有制歧视。比较极端的例子是，在改革开放初期，为了和国有企业一样享受政府的各项优惠政策，许多民营企业主动将所有制类型改为国有企业或集体所有制企业，戴上了所谓的"红帽子"。在民营企业所面临的所有制歧视中，信贷歧视是一个极为突出的问题。更多的银行贷款被提供给了国有企业，而民营企业则很难获得贷款。即便是能够获得贷款，也会被附加许多条件，如苛刻的还款条件、较高的贷款利率、严格的贷款抵押等等。

　　民营企业之所以面临严重的信贷歧视，主要原因在于：首先，中国的商业银行主要是国有银行，受政府的控制和主导，因此，这些国有商业银行就成为政府手中的工具。中国的社会主义制度决定了国有经济的重要性，因此，政府会大力支持国有企业的发展，这样，政府就会影响这些国有商业银行，让它们将更多的贷款提供给国有企业。其次，在我国的信贷管理体制下，贷款的风险历来是商业银行最关心的问题。国有企业背后有政府的支持，而民营企业则没有，这样，在银行看来，国有企业的风险相对较低，因而更愿意为它们提供贷款。

近年来国家高度重视民营企业的发展,出台了许多优惠政策;同时,近年来,中国进行了大规模的金融体制改革,银行的信贷管理体制更加市场化。但总体来看,民营企业受到的信贷歧视依然存在。在通过正式制度难以获得银行贷款的情况下,许多企业选择借助于非正式的制度安排,如行贿、和政府建立政治关联等,其中建立政治关联是一种较为普遍的做法。民营企业建立政治关联的方式主要有两种,其一是聘用曾经的政府官员;其二是民营企业家自身谋求官员身份,如成为人大代表、政协委员等。从本章的样本来看,有超过三分之一的民营企业都建立了政治关联,可见这一现象的普遍性。

3.3.2 研究假说

正因为民营企业受到了较为严重的信贷歧视,所以它们普遍建立政治关联,借此缓解信贷歧视,许多研究都发现,具有政治关联关系的民营企业获得了更多的长期银行贷款(如 Fan et al.,2008)。虽然从民营企业的角度来看,政治关联具有积极的作用;但从整个经济的角度来看,政治关联可能对资源配置效率产生负面影响。我们认为,在现有的制度环境下,政治关联企业获得的长期贷款越多,越容易过度投资,理由如下:

首先,现实中的企业普遍都有扩张冲动(Jensen,1986)。银行贷款历来是中国企业进行投资的主要资金来源,对于上市公司来说也是如此。中国证券市场上的权益融资受到较为严格的管制,上市公司在盈利、发放股利等许多方面要达到证监会的标准才有资格申请权益融资,在此情况下,上市公司的投资主要依靠银行贷款来支持。因此,企业获得的长期贷款越多,它们可用于投资的资源就越多,从而越有可能过度投资。

其次,政治关联企业良好的融资预期会促使它们进行过度投资。前已述及,因为和政府保持着密切的联系,所以政治关联企业更容易获得银行贷款。可以合理地推测,在可预见的一段时期内,只要和政府的这种密切联系没有中断,政治关联企业良好的信贷融资能力就会保持不变,它们在这段时期内的贷款需求就能够得到满足。在此情况下,它们对这段时期内信贷资金的可获得性会产生良好的预期,不用担心投资规模过大所造成的资金短缺问题,也不用担心后续投资缺乏资金支持,从而促使它们不断扩大投资规模。此外,由于和政府保持着密切的联系,政治关联企业所面临的贷款约束会"软化",还款期限和还款方式的灵活性会增强,还款的压力会下降,这也会强化它们的良好预期,促使它们进一步扩大投资规模。

最后,政治关联企业的投资更容易获得政府支持,这为它们进行过度投资创造了良好的条件。这种支持可能会体现在如下一些方面:(1)政治关联企业更容易获得投资项目。例如,胡旭阳(2006)、罗党论和唐清泉(2009)都发现,政治关联企业更容易进入管制行业;张敏和黄继承(2009)发现,政治关联企业更容易获得多元化资源,进行多元化经营。(2)企业在进行投资(特别是大型投资)时,需要相应的配套设施或措施作为支持,而政治关联企业更容易从政府手中获得这些支持,包括土地、税率、雇员等方面的支持以及其他一些优惠政策。例如,Adhikari 等(2006)发现政治关联企业的实际税率显著低于其他企业。显然,政府的这些支持为企业的过度投资创造了条件。综合上述分析,我们可以预计,政治关联企业获得的长期贷款越多,其过度投资的程度会越大。根据上述分析,我们提出如下假说:

假说 1:政治关联企业获得的长期贷款规模越大,其过度投资的程度越显著大于非政治关联企业。

政治关联企业更容易获得长期贷款,也有更多的投资机会(余明桂和潘红波,2008;张敏和黄继承,2009),如果企业能够高效地利用这些资源,无疑将会对企业价值产生正面影响。但是,根据假说 1,政治关联企业获得的长期贷款越多,其过度投资的程度会越大,这显然违背了 Jensen(1986)的自由现金流理论。根据自由现金流理论,企业的长期负债会降低管理者利用自由现金流进行过度投资的概率,因此,长期负债越多,企业的价值越大。本章的结论正好相反,政治关联企业的长期贷款不仅不会抑制企业的过度投资,反而会加重企业的过度投资,因此,政治关联企业的长期贷款对企业的价值可能带来负面影响。据此,我们可以预计,政治关联企业获得的长期贷款越多,企业的价值越低于非政治关联企业。根据上述分析,我们提出如下假说:

假说 2:政治关联企业获得的长期贷款规模越大,企业价值越显著低于非政治关联企业。

3.4 回归模型与变量

在建立回归模型验证上述两个研究假说之前,我们首先需要验证已有文献的一个基本结论,考察政治关联企业是否会获得更多的长期贷款,这是本章研究的一个基本前提。根据已有文献,我们运行如下的 Tobit 回归模型(之所以采用 Tobit 回归,主要是因为被解释变量 Loan 存在很多的 0 值):

$$Loan = \alpha_0 + \alpha_1 PC + \alpha_2 Outdir + \alpha_3 Top1 + \alpha_4 Grow + \alpha_5 ROA$$
$$+ \alpha_6 Lev + \alpha_7 Size + \alpha_8 PPE + \alpha_9 Rindustry + \varepsilon \qquad (1)$$

在模型(1)中,被解释变量 Loan 分别用长期贷款规模、短期贷款规模和总贷款规模表示。长期贷款规模用年末的长期银行借款与总资产之比衡量;短期贷款规模用年末的短期银行借款与总资产之比衡量;总贷款规模用年末的总的银行借款与总资产之比衡量。解释变量 PC 为企业是否有政治关联哑变量,取 1 表示有政治关联,取 0 表示无政治关联。我们借鉴 Li 等(2008)、潘红波、夏新平和余明桂(2008)的做法,如果企业的董事长或总经理是现任或前任的政府官员、人大代表或政协委员,则认为该企业具有政治关联。这一数据根据上市公司披露的总经理和董事长的背景资料判断整理。

借鉴 Fan 等(2008)、江伟和李斌(2006)、黎凯和叶建芳(2007)等的研究,我们在模型中还控制了其他一些影响因素。Outdir 表示独立董事比例,用独立董事人数与董事会总人数之比衡量。许多研究发现,独立董事比例越高,公司治理效率越好(叶康涛等,2007;Beasley, 1996),因而更容易获得银行贷款。因此,我们预计其回归系数显著为正。Top1 表示第一大股东持股比例,用第一大股东持股数与总股份数之比表示。因为第一大股东的持股比例对企业业绩会有显著影响,因此也可能会对企业贷款产生影响,但具体的影响方向难以确定。Grow 表示企业的成长性,用主营业务收入的增长率表示。Fan 等(2008)、黎凯和叶建芳(2007)发现企业的成长性越好,企业长期贷款规模越大。因此,我们预计其回归系数显著为正。ROA 表示企业的业绩,用总资产净利率表示。Size 表示企业规模,用总资产的自然对数表示。许多研究都发现,ROA、Size 和长期贷款规模之间都呈显著的正相关关系(Fan 等,2008;江伟和李斌,2006;黎凯和叶建芳,2007),表明企业业绩越好、规模越大,越容易获得长期贷款。因此,我们预计这两个变量的回归系数显著为正。Lev 表示企业的资产负债率,用总负债与总资产之比衡量。江伟和李斌(2006)发现,资产负债率越高,越容易获得长期贷款。因此,我们预计其回归系数显著为正。PPE 表示企业的资产结构,用固定资产与总资产之比表示。Rindustry 表示企业所处的行业是否是管制行业。借鉴 Fan 等(2007)、罗党论和唐清泉(2009)的做法,如果企业所处的行业是电力、自来水、煤气、煤炭、石油、钢铁、有色金属、航空航天、采盐、烟草、铁路、航空、电信、邮政、金融、房地产等行业,则取 1,表示管制行业;否则取 0。管制行业的企业由于受到政府的保护,可能更容易获得银行贷款,因此,我们预计其回归系数显著为正。此外,在模型中我们控制了年度因素。以上控制变量都比被解释变量滞后一期。

为了验证假说 1,我们运行如下的 OLS 回归模型:

$$Invest = \beta_0 + \beta_1 PC + \beta_2 PC \times \Delta Loan + \beta_3 \Delta Loan + \beta_4 Outdir + \beta_5 Top1 + \beta_6 SEO$$
$$+ \beta_7 Board + \beta_8 Grow + \beta_9 Cf + \beta_{10} ROA + \beta_{11} Rindustry + \varepsilon \qquad (2)$$

被解释变量 Invest 为企业过度投资和投资不足(或投资效率)变量,借鉴 Richardson(2006)和 Biddle 等(2009),我们用民营企业样本,采用附录中的模型(*)来估计该指标。该指标大于 0 表示过度投资,值越大,则表示过度投资程度越大;小于 0 表示投资不足,值越小,则表示投资不足程度越大。根据 Invest 的取值,我们将样本分为过度投资样本和投资不足样本对模型(2)分别进行回归。该指标的具体计算方法置于附录部分。

$\Delta Loan$ 表示企业当年新增的长期贷款,用[(期末长期银行借款余额－期初长期银行借款余额)/期初总资产]衡量。之所以只采用新增长期贷款,而不考虑短期贷款,主要原因在于:一般来说,长期贷款才会被用于投资。之所以采用新增贷款变量,主要是因为被解释变量 Invest 是当年新增的投资,也是变化值。我们同时也采用了长期贷款期初水平值进行了回归分析。根据假说 1,$PC \times \Delta Loan$ 的回归系数应该显著为正,PC 和 $\Delta Loan$ 的回归系数也应该显著为正。

在模型中,我们借鉴 Richardson(2006)等的研究,还控制了其他一些影响因素。前面已经分析,独立董事具有一定的治理效应,因此将能够抑制企业的过度投资或投资不足行为,我们预计在过度投资样本中,$Outdir$ 的回归系数显著为负,在投资不足样本中显著为正。和前面的分析一致,第一大股东的持股比例会对企业产生重要影响,但影响的方向难以确定,因此,我们难以预计 $Top1$ 的回归系数。SEO 表示企业在样本期内是否进行了权益再融资,取 1 表示进行了权益再融资,0 表示未进行权益再融资。显然,作为企业另外一个主要的融资渠道,是否进行了权益再融资将对企业的投资产生重要影响,权益再融资将会增加企业的现金流,从而增加企业的过度投资程度,降低投资不足程度。因此,我们预计 SEO 的回归系数在过度投资样本中为正,在投资不足样本中为负。Board 表示董事会规模,用董事会总人数的自然对数衡量。董事会规模越大,治理效果越差(Richardson, 2006),因此,我们依据其回归系数在过度投资样本中显著为正;在投资不足样本中显著为负。企业的成长性越好,越有能力进行投资,因此,我们预计 Grow 的回归系数在过度投资样本中显著为正;在投资不足样本中显著为负。Cf 为企业的经营现金流,用经营现金净流量与总资产之比衡量。企业的现金流越充裕,越容易进行投资,因此,我们预计其回归系数在过度投资样本和投资不足样本中都显著为正。企业业绩越好,企业越有能力进行投资,因此,我们预计 ROA 的回归系数在过度投资样本和投资不足样本中都显著为正。管制行业由于竞争程度较低,企业越容易扩大规模,因此,我们预计 Rindustry 的回归系数在过度投资样本和投资不足样本中都显著为正。此外,我们还控制了年度因素。以上控制变量中,除 Rindustry 外,其余变量都采用滞后一期的值。

为了验证假说 2,我们运行如下的 OLS 回归模型:

$$\Delta Tobin'Q = \gamma_0 + \gamma_1 PC + \gamma_2 PC \times \Delta Loan + \gamma_3 \Delta Loan + \gamma_4 Outdir + \gamma_5 Top1 \\ + \gamma_6 Grow + \gamma_7 Size + \gamma_8 \Delta ROA + \gamma_{11} Rindustry + \varepsilon \tag{3}$$

被解释变量 $\Delta Tobin'Q$ 表示企业价值的变化,用本期的 $Tobin'Q$ 减上期的 $Tobin'Q$ 衡量。根据假说 2,$PC \times \Delta Loan$ 的回归系数应该显著为负。在模型中,我们还控制了其他一些影响因素。和模型(2)部分的分析一致,Outdir 越大,治理效果越好,因此,我们预计其回归系数显著为正。和前面一致,Top1 的回归系数难以确定。此外,现有研究表明,企业成长性越好,企业价值越大(Dushnitsky and Lenox, 2006),因此,我们预计 Grow 的回归系数显著为正。ΔROA 表示业绩增长变量,用本期的 ROA 减上期的 ROA。企业会计业绩越好,企业价值越大(Tian, 2001),因此,我们预计 ΔROA 的回归系数显著为正。许多研究都发现,企业规模越大,企业价值越低(Dushnitsky and Lenox, 2006;夏立军和方轶强,2005),因此,我们预计 Size 的回归系数显著为负。管制性行业一般是垄断性行业,竞争程度较低,因此业绩较好,价值较高,因此我们预计 Rindustry 的回归系数显著为正。在模型中,我们还控制了年度因素。除 ΔROA 和 Rindustry 外,其余控制变量都采用滞后一期的值。我们同时也采用了长期贷款和 $Tobin'Q$ 的期末水平值进行了回归分析。

3.5 研究样本与描述统计

本章的财务数据和公司治理数据来自 CCER 数据库,政治关联数据来自手工整理。由于我国 1998 年才开始披露公司治理信息,且我们需要上一年的数据,所以我们的样本区间为 1999 年至 2007 年的上市公司。考虑到国有企业的政治关联是由我国特定的制度背景决定的,不是一种市场化行为,因此,和现有许多文献的做法一致,本章选择民营上市公司作为研究样本。在此基础上,我们还对样本做了如下几方面的筛选:(1)剔除财务和公司治理变量缺失数据的样本;(2)为了确保企业状态的稳定性,我们剔除了第二年政治关联关系发生变更的样本;(3)将本年和上年资不抵债(资产负债率大于 1)的上市公司作为异常值剔除。最后得到 2 073 个公司年观测值,其中政治关联样本为 828 个,占总样本的 39.94%,各样本年度分布如表 3-1 所示。从表 3-1 可以看出,观测值在随着年份逐年增加,这与我国上市公司逐年增加的趋势相同;政治关联样本所占比例每年差异不大,最高为 1999 年的 44.12%,最低为 2004 年的 37.45%。

表 3-1 政治关联样本分布

年 度	观测值	政治关联样本	比 例
1999	102	45	44.12 %
2000	117	46	39.32 %
2001	137	56	40.88 %
2002	181	75	41.44 %
2003	228	90	39.47 %
2004	275	103	37.45 %
2005	283	115	40.64 %
2006	361	143	39.61 %
2007	389	155	39.85 %
合计	2 073	828	39.94 %

表 3-2 报告了变量的描述统计。从全样本来看,期末长期银行贷款(*Loan*)的平均值和中位数分别为 0.057 1 和 0.008 2,标准差为 0.101 6。长期贷款的年度变化值(Δ*Loan*)的平均值和中位数分别为 0.010 2 和 0,标准差为 0.089 4,表明样本公司的长期贷款规模基本上在逐年微弱地增加;

表 3-2

描述统计

变量	全样本				非政治关联样本				政治关联样本			
	N	均值	中位数	标准差	N	均值	中位数	标准差	N	均值	中位数	标准差
PC	2 073	0.399 4	0.000 0	0.489 9	1 245				828			
Loan	2 073	0.057 1	0.008 2	0.101 6	1 245	0.052 5	0.005 6	0.087 0	828	0.064 0**	0.012 4[a]	0.120 1
ΔLoan	2 073	0.010 2	0.000 0	0.089 4	1 245	0.007 8	0.000 0	0.089 6	828	0.013 7	0.000 0	0.089 1
Invest	2 073	0.061 2	0.039 6	0.067 7	1 245	0.062 0	0.041 1	0.067 1	828	0.060 0	0.038 5	0.068 7
ΔTobin'Q	2 073	0.378 5	0.032 9	2.010 6	1 245	0.404 9	0.017 0	2.193 5	828	0.338 7	0.057 2[a]	1.699 6
Top1	2 073	0.317 5	0.289 2	0.137 7	1 245	0.310 4	0.285 8	0.131 2	828	0.328 2***	0.294 2**	0.146 3
Outdir	2 073	0.289 3	0.333 3	0.137 4	1 245	0.292 0	0.333 3	0.136 8	828	0.285 2	0.333 3*	0.138 3
Grow	2 073	0.135 4	0.087 9	0.348 7	1 245	0.135 2	0.086 1	0.373 3	828	0.135 8	0.091 5	0.308 3
ROA	2 073	0.003 3	0.026 6	0.142 8	1 245	−0.000 3	0.025 4	0.148 8	828	0.008 8	0.029 6*	0.133 1
Board	2 073	2.184 9	2.197 2	0.263 6	1 245	2.194 7	2.197 2	0.278 1	828	2.170 2**	2.197 2**	0.239 5
Size	2 073	20.751 9	20.757 5	0.892 5	1 245	20.697 7	20.724 9	0.934 3	828	20.833 4***	20.811 6***	0.819 6
Cf	2 073	0.036 0	0.035 8	0.097 5	1 245	0.032 9	0.033 7	0.100 9	828	0.040 7*	0.039 6*	0.092 1
SEO	2 073	0.071 4	0.000 0	0.257 5	1 245	0.066 7	0.000 0	0.249 5	828	0.078 5	0.000 0	0.269 1
ΔROA	2 073	0.030 0	0.003 1	0.799 5	1 245	0.036 6	0.002 8	0.998 8	828	0.020 0	0.003 8	0.317 1
Lev	2 073	0.696 5	0.538 3	1.477 0	1 245	0.716 5	0.541 7	1.387 3	828	0.666 5	0.532 0	1.602 9
PPE	2 073	0.312 4	0.278 9	0.319 7	1 245	0.313 9	0.279 3	0.346 7	828	0.310 1	0.277 7	0.274 1

注：政治关联样本中所标注的 * 表示其和非政治关联样本对相应变量所进行的差异检验；*、**、*** 分别表示在 10%、5%、1% 水平显著；[a] 表示单边检验 5% 水平显著。

表 3-3

相关系数表

	PC	Loan	ΔLoan	Invest	ΔTobin'Q	Top1	Outdir	Grow
PC		0.028 9	0.019 6	−0.026 9	0.033 8	0.055 9**	−0.042 0*	0.021 9
Loan	0.055 6**		0.387 0***	0.031 1	−0.050 8**	−0.032 2	0.021 2	0.215 3***
ΔLoan	0.032 1	0.584 5***		0.058 1***	−0.003 2	0.019 9	−0.001 9	0.113 3***
Invest	−0.014 2	0.105 4***	0.087 8***		0.113 9***	0.004 2	0.057 4***	−0.017 2
ΔTobin'Q	−0.016 1	−0.041 5*	0.050 8**	0.178 5***		−0.115 9***	0.174 6***	−0.152 0***
Top1	0.063 5***	−0.030 2	0.014 3	0.021 9	−0.060 5***		−0.062 3***	0.108 6***
Outdir	−0.024 2	0.025 0	0.013 3	0.062 1***	0.079 2***	−0.050 8**		−0.101 1***
Grow	0.000 9	0.155 5***	0.083 2***	−0.037 3*	−0.137 7***	0.093 2***	−0.107 6***	
ROA	0.031 0	0.045 9**	0.069 1***	−0.045 0**	−0.259 4***	0.122 4***	−0.096 8***	0.408 1***
Board	−0.045 5**	0.070 0***	0.028 2	−0.023 0	−0.043 2**	−0.041 9*	−0.043 1*	0.015 5
Size	0.074 5***	0.193 8***	0.092 5***	−0.111 9***	−0.124 6***	0.090 6***	0.118 0***	0.276 5***
Cf	0.038 8*	−0.003 4	0.027 9	0.086 1***	−0.043 6*	0.053 7**	0.037 3*	−0.010 5
SEO	0.022 5	0.086 7***	0.049 4**	0.118 4***	−0.029 4	0.064 8***	−0.129 5***	0.131 1***
ΔROA	−0.010 2	−0.014 6	−0.019 2	0.154 5***	0.193 5***	−0.013 8	0.050 1**	−0.142 8***
Lev	−0.016 6	0.010 1	−0.015 0	0.116 3***	0.673 4***	−0.028 3	0.035 6	−0.152 0***

（续表）

	ROA	Board	Size	Cf	SEO	ΔROA	Lev
PC	0.046 3**	−0.050 8**	0.064 7***	0.047 6**	0.022 5	0.019 9	−0.028 1
Loan	0.076 6***	0.084 7***	0.294 3***	0.046 2**	0.065 4***	0.004 2	0.216 7***
ΔLoan	0.121 4***	0.002 3	0.061 3***	0.053 6**	0.028 7	0.019 0	0.003 6
Invest	0.048 6**	−0.022 0	−0.087 3***	0.077 1***	0.063 9***	0.113 5***	−0.044 6**
ΔTobin'Q	−0.145 4***	−0.028 0	0.017 4	−0.031 9	0.004 5	0.160 4***	0.079 6***
Top1	0.151 3***	−0.042 6*	0.079 4***	0.047 1***	0.050 0**	−0.008 2	−0.112 1***
Outdir	−0.160 6***	−0.167 4***	0.090 4***	0.045 4**	−0.101 2***	0.081 3***	0.094 9***
Grow	0.520 3***	0.046 9**	0.336 5***	0.089 1***	0.153 5***	−0.127 3***	−0.093 1***
ROA		0.029 8	0.153 8***	0.338 6***	0.257 1***	−0.135 5***	−0.443 4***
Board	0.033 7		0.107 2***	0.051 1**	0.002 0	−0.014 6	0.022 9
Size	0.280 9***	0.104 7***		0.134 4***	0.079 4***	−0.049 9***	0.036 9***
Cf	0.267 7***	0.022 8	0.101 7***		0.081 1***	0.018 5	−0.185 7***
SEO	0.127 9***	−0.006 6	0.079 3***	0.062 8***		0.065 7***	−0.149 7***
ΔROA	−0.457 8***	−0.038 3*	−0.154 4***	−0.162 4***	−0.001 3		−0.015 7
Lev	−0.397 2***	−0.046 0**	−0.169 7***	−0.156 0***	−0.049 5**	0.243 6***	

注：左下角为 Pearson 系数，右上角为 Spearman 系数；*、**、*** 分别表示在 10%、5%、1% 水平显著。

投资效率($Invest$)的均值和中位数为 0.061 2 和 0.039 6,标准差为 0.067 7,说明样本公司普遍存在过度投资的情况;企业价值的变化($\Delta Tobin'Q$)均值为 0.378 5,标准差为 2.010 6,说明从整体上讲,企业的价值在逐年微弱地提升,但是在企业间的差异较大,其他变量的描述性统计与以往研究没有差异,且取值范围在可接受的范围之内。将总体样本分为政治关联样本和非政治关联样本来看,有政治关联的样本在长期借款($Loan$)、第一大股东持股比例($Top1$)、董事会规模($Board$)、公司规模($Size$)和经营现金流(Cf)方面都显著高于非政治关联样本。

表 3-3 报告了各变量之间的简单相关系数。从表 3-3 可以看出,长期贷款($Loan$)与政治关联(PC)之间存在显著正的相关关系($Spearman$ 系数),长期贷款($Loan$)及长期贷款的变化($\Delta Loan$)与公司投资效率($Invest$)正相关,与企业价值的变动($\Delta Tobin'Q$)负相关,说明长期贷款的增加会导致公司投资的无效率,并降低企业的价值,其他变量之间的关系与已有的研究结论一致。

3.6　回　归　结　果

表 3-4 报告了模型(1)的回归结果,回归模型中的被解释变量是长期贷款($Loan$)。从 Tobit 回归结果来看,政治关联(PC)的估计系数显著为正,表明在控制其他影响因素后,具有政治关联的公司更容易获得长期贷款,该结果与已有文献的结论一致(Li et al.,2008;Claessens et al.,2008;Fan et al.,2008;余明桂和潘红波,2008),从而为本章后面的研究奠定了基础。此外,我们还采用 OLS 对模型(1)进行了回归分析,从回归结果来看,结论基本保持不变。

表 3-4　　　　　　　　　　回归结果

	预计符号	Tobit 回归		OLS 回归	
		估计系数	t 值	估计系数	t 值
截距项		−1.087 1	−11.62***	−0.408 3	−7.44***
PC	+	0.014 1	1.97**	0.010 0	2.26**
Outdir	+	0.158 8	2.90***	0.099 4	3.03***
Top1	?	−0.093 9	−3.62***	−0.047 3	−2.98***
Grow	+	0.057 5	5.13***	0.038 7	5.52***

（续表）

	预计符号	Tobit 回归		OLS 回归	
		估计系数	t 值	估计系数	t 值
ROA	+	0.032 8	0.94	−0.005 1	−0.26
Lev	+	0.028 2	3.94***	0.014 1	3.49***
Size	+	0.051 1	11.29***	0.021 1	7.91***
Ppe	+	0.088 8	4.21***	0.054 1	4.18***
Rindustry	+	0.035 4	4.80***	0.020 5	4.50***
年度效应		已控制		已控制	
Chi2/F		278.41***		11.35***	
Adj-R²				0.078 3	
样本量		2 073		2 073	

被解释变量:Loan;*、**、***分别表示在 10％、5％、1％水平显著。

与余明桂和潘红波(2008)一致,我们进一步将模型(1)中的被解释变量替换为短期贷款规模和总贷款规模,重新进行了回归分析。由于样本中这两个变量的 0 值很少,因此我们只进行了 OLS 回归分析,表 3-5 报告了回归结果。回归结果显示,当被解释变量为短期贷款规模和总贷款规模时,PC 的回归系数都不显著。这表明,有政治关联的上市公司获得了更多的长期贷款,但并没有证据证明它们获得了更多的短期贷款。

表 3-5 　　　　　　　　　　回归结果

	预计符号	被解释变量为短期贷款规模		被解释变量为总贷款规模	
		系数	t 值	系数	t 值
截距项		−0.629 9	−5.91***	−0.478 3	−4.20***
PC	+	−0.009 2	−1.08	−0.007 4	−0.81
Outdir	?	0.088 3	1.39	0.109 7	1.61
Top1	+	−0.074	−2.41**	−0.048 7	−1.48
Grow	+	0.065	4.79***	0.064 1	4.40***
ROA	+	−0.231 2	−5.79***	−0.243 6	−6.01***
Lev	+	0.154 8	16.03***	0.217 1	25.78***
Size	+	0.041 8	8.07***	0.032 9	5.94***
PPE	+	0.060 3	2.41**	0.050 8	1.89*

（续表）

	预计符号	被解释变量为短期贷款规模		被解释变量为总贷款规模	
		系数	t 值	系数	t 值
Rindustry		0.015 8	1.80*	0.013 7	1.44
年度效应		已控制		已控制	
F 值		77.32***		70.46***	
Adj-R²		0.385 2		0.363 1	
样本量		2 073		2 073	

对于模型（2），我们分别对过度投资和投资不足两个子样本进行回归分析，回归模型中的被解释变量分别为过度投资和投资不足的绝对值（*Invest*）。表 3-6 报告了回归结果。从过度投资子样本来看，政治关联与长期贷款变化值交互项（PC×ΔLoan）的系数显著为正，表明相对于那些无政治关联的企业来说，有政治关联的企业获得的长期贷款越多，越容易过度投资。ΔLoan 的回归系数为正，但显著性较为微弱，因此有微弱的证据表明，无政治关联的企业获得的贷款越多，也越容易过度投资。PC 的回归系数不显著。从控制变量来看，SEO 的回归系数显著为正，表明进行了权益再融资的企业更容易过度投资。Grow 的回归系数显著为负，表明成长性越好的企业过度投资程度越低。Cf 的回归系数显著为正，表明经营现金流越多，越容易过度投资。其余变量都不显著。

表 3-6　　　　　　　　　　　回归结果

	预计符号	过度投资样本		预计符号	投资不足样本	
		估计系数	t 值		估计系数	t 值
截距项		0.076 2	2.51**		0.039 8	3.68***
PC	+	−0.004 5	−0.71	+	−0.003 3	−1.43
PC×ΔLoan	+	0.187 8	2.76***	−	0.006 3	0.24
ΔLoan	+	0.074 2	1.71*	−	−0.018 0	−1.10
Outdir	−	−0.021 2	−0.45	+	0.004 0	0.23
Top1	?	0.023 8	1.10	?	0.013 5	1.61
SEO	+	0.043 1	3.97***	+	−0.006 8	−1.38
Board	+	−0.007 7	−0.62	+	−0.002 7	−0.63
Grow	+	−0.021 6	−1.81*	+	0.002 8	0.85
Cf	+	0.090 9	2.63***	−	0.013 0	1.11

（续表）

	预计符号	过度投资样本		预计符号	投资不足样本	
		估计系数	t 值		估计系数	t 值
ROA	＋	−0.028 5	−1.04	−	−0.037 1	−4.33***
Rindustry		−0.008 8	−1.40		0.001 3	0.53
年度效应		已控制			已控制	
Adj-R²		0.123 0			0.202 4	
F 值		6.99***			17.83***	
样本量		812			1 261	

被解释变量：*Invest*；*、**、***分别表示在10%、5%、1%水平显著。

但对于投资不足子样本，长期贷款变化值（Δ*Loan*）及政治关联与长期贷款变动交互项（*PC*×Δ*Loan*）的系数不显著，表明政治关联对长期贷款与投资不足之间的关系没有显著影响。从控制变量的回归结果来看，普遍都不显著。上述结果支持了假说1。

表3-7报告了模型（3）的回归结果，模型中的被解释变量为企业价值的变化值（Δ*Tobin'Q*）。回归结果表明，*PC*×Δ*Loan* 的回归系数显著为负，表明相对于无政治关联的企业来说，有政治关联的企业获得的长期贷款越多，企业的价值越低，和假说2一致。Δ*Loan* 的回归系数显著为正，表明无政治关联的企业获得的长期贷款越多，企业的价值越大。*PC* 的回归系数不显著。从控制变量的回归结果来看，成长性（*Grow*）的回归系数显著为负，表明成长越快，企业价值越低，这可能是因为，企业成长快，相应的风险也越大，造成的企业价值越低。企业规模（*Size*）的回归系数显著为负，这与已有的研究结论一致；企业盈余变化（Δ*ROA*）的系数显著为正，表明公司的盈余的增加能够带来企业价值的提升。其余控制变量的回归结果都不显著。

表3-7 回归结果

	预计符号	估计系数	t 值
截距项		4.876 7	4.77***
PC	＋	0.004 4	0.05
PC×Δ*Loan*	−	−2.686 9	−2.84***
Δ*Loan*	＋	2.595 3	4.34***
Outdir	＋	−0.030 3	−0.05

（续表）

	预计符号	估计系数	t 值
*Top*1	?	−0.423 3	−1.39
Grow	+	−0.430 5	−3.40***
Size	−	−0.220 5	−4.41***
Δ*ROA*	+	0.383 0	7.27***
Rindustry		0.014 5	0.17
年度效应		已控制	
Adj-R²		0.130 2	
F 值		19.25***	
样本量		2 073	

被解释变量:Δ*Tobin'Q*; * 、** 、*** 分别表示在10%、5%、1%水平显著。

　　此外,为了检验上述研究结论的可靠性,我们进行了稳健性检验,我们将模型(2)和模型(3)的 Δ*Loan* 和 Δ*Tobin'Q* 分别用水平值 *Loan* 和 *Tobin'Q* 替代,重新进行了回归分析。表 3-8 和表 3-9 分别是对模型(2)和模型(3)所进行的回归分析,结果和表 3-6、表 3-7 基本保持一致。

表 3-8　　　　　　　　　　　　回归结果

	预计符号	过度投资样本		预计符号	投资不足样本	
		估计系数	t 值		估计系数	t 值
截距项		0.082 1	2.69***		0.038 6	3.57***
PC	+	−0.012 7	−1.73*	+	−0.001 6	−0.62
PC×*Loan*	+	0.148 3	2.71***	−	−0.039 0	−1.63
Loan	+	0.032 3	0.77	−	0.038 4	2.16**
Outdir	−	−0.024 8	−0.52	+	0.003 8	0.22
*Top*1	?	0.027 6	1.27	?	0.013 9	1.66*
SEO	+	0.040 4	3.70***	+	−0.007 3	−1.49
Board	+	−0.009 7	−0.78	−	−0.002 9	−0.68
Grow	+	−0.026 8	−2.22**		0.001 9	0.58
Cf	+	0.099 2	2.87***	−	0.012 8	1.10
ROA	+	−0.026 4	−0.97		−0.037 2	−4.35***
Rindustry		−0.010 4	−1.64		0.001 1	0.45
年度效应		已控制			已控制	

（续表）

	预计符号	过度投资样本		预计符号	投资不足样本	
		估计系数	t 值		估计系数	t 值
Adj-R²		0.119 3			0.205 2	
F 值		6.78***			18.03***	
样本量		812			1 261	

被解释变量：Invest；*、**、***分别表示在10%、5%、1%水平显著。

表 3-9　　　　　　　　　　　回归结果

	预计符号	估计系数	t 值
截距项		1.503 4	11.07***
PC	+	0.007 4	0.49
PC×Loan	−	−0.228 0	−2.23**
Loan	+	0.388 3	4.87***
Outdir	+	−0.110 6	−4.29***
Top1	?	0.114 2	2.36**
Grow		0.000 0	0.58
Size	−	−0.038 3	−5.79***
ROA	+	−0.108 8	−5.79***
Rindustry		0.024 1	0.89
年度效应		已控制	
Adj-R²		0.044 6	
F 值		13.76***	
样本量		2 073	

被解释变量：Tobin'Q；*、**、***分别表示在10%、5%、1%水平显著。

3.7　研　究　结　论

　　不少研究都发现，政治关联具有资源配置功能，有政治关联的企业能够通过政府获得更多的资源。从表面来看，政治关联似乎具有积极的作用。但是，简单地得出这一结论是不合适的。要考察政治关联是否具有积极的作用，需要进一步考察政治关联的资源配置功能是否是有效率的。基于这一考虑，我们在现有文献的基础上，研究了政治关联的资源配置效率问题。首先,我们研究了政治关联是否能为企业带来更多的长期银行贷款;其次,我们从投资效率角度研究了政治关联企业对所获得的银行贷款的使用效率;最后,我们研究了政治关联企业获得银行贷款后对企业价值的影响。

以我国民营上市公司为研究样本,本章研究发现:相对于非政治关联企业来说,政治关联企业获得了更多的长期银行贷款,这和已有文献的结论一致;但政治关联企业获得的贷款越多,越容易过度投资,进而对企业价值产生了负面影响。上述结果表明,政治关联对信贷资源配置效率有着显著的负面影响,会导致信贷资源配置出现偏差,这显然会对我国的国民经济产生不利影响。

本章从新的视角对现有文献进行了拓展,获得了一些新的结论。本章的结论为非正式制度安排的低效性提供了证据,因此,本章具有较强的政策含义:首先,指出了如何约束低效的非市场化的制度安排,强化市场化的制度安排的作用,以提高资源配置的效率是有关监管机构必须认真考虑的问题;其次,表明了如何建立和完善市场化的、有效的信贷管理体制也是我国银行改革过程中必须重点关注的问题;最后,政治关联虽然能在一定程度上解决民营企业所面临的信贷歧视问题,但存在"过犹不及"问题,需要探索更合理的解决途径。

附录:企业投资效率指标 *Invest* 的计算

借鉴 Richardson(2006)和 Biddle 等(2009),我们采用模型(＊)来估计企业投资效率指标 *Invest*:

$$Newinvt = \beta_0 + \beta_1 Tobin'Q + \beta_2 Lev + \beta_3 Cash + \beta_4 Age + \beta_5 Size$$
$$+ \beta_6 Return + \beta_7 Newinvlag + \tau \qquad (＊)$$

Newinvt 表示企业当年的新增投资,借鉴 Richardson(2006)、Biddle 等(2009)、魏明海、柳建华(2007)的研究,我们将其定义为:

$$Newinvt = 资本支出＋并购支出－出售长期资产收入－折旧$$

其中资本支出为现金流量表中的"构建固定资产、无形资产及其他长期资产的支出";并购支出为现金流量表中的"购买或处置子(分)公司的支出";出售长期资产收入为现金流量表中的"处置固定资产、无形资产和其他长期资产而收回的现金",折旧为当期的折旧费用。我们用年初总资产对 *Newinvt* 进行了标准化处理。*Tobin'Q* 表示企业的成长性,用企业期初

的 $Tobin'Q$ 表示。Lev 表示负债比率,用期初的总负债与总资产之比表示。$Cash$ 表示企业的现金持有量,用期初的货币资金与短期投资之和表示,用总资产进行了标准化。Age 表示企业上市年限,用上市年限的自然对数表示。$Size$ 表示企业规模,用期初总资产的自然对数表示。$Return$ 表示企业的股票回报,用上期年度股票回报率表示。$Newinvtlag$ 表示上期的新增投资。在模型中还控制了年度效应。

通过采用中国 A 股非国有上市公司 1999 年至 2007 年的数据对模型(*)进行回归,得到的残差即为 $Invest$,它是实际投资额与理想投资额之间的差额,也即投资偏离度。该指标大于 0 表示过度投资,值越大,过度投资程度越大;小于 0 表示投资不足,值越小,投资不足程度越大;如果企业的投资处于理想状态,该指标的值为 0。表 3-10 报告了模型(*)的回归结果。

表 3-10 预期资本投资支出模型的回归结果

	预计符号	估计系数	t 值
截距项		4.876 7	4.77***
$Tobinq$	+	0.004 4	0.05
Lev	−	−2.686 9	−2.84***
$Cash$	+	2.595 3	4.34***
Age	−	−0.030 3	−0.05
$Size$	+	−0.423 3	−1.39
$Return$	+	−0.430 5	−3.40***
$Newinvtlag$	+	−0.220 5	−4.41***
行业效应		已控制	
年度效应		已控制	
$Adj\text{-}R^2$		0.328 8	
F 值		46.29***	
样本量		2 590	

被解释变量:$Newinvt$;*、**、***分别表示在 10%、5%、1%水平显著。

第4章

政治关联与政策负担

4.1 引　　言

政府与企业之间的关系及其对经济效率的影响,向来是经济学研究的核心话题。政府既有可能是一只"帮助之手",也有可能是一只"掠夺之手"(Frye and Shleifer, 1997)。从企业的角度来看,通过与政府建立紧密的联系,它就构筑了一条获得政府帮助的渠道;而从政府的角度来看,与企业发生的政治联系,将有利于政府对企业进行干预。可见,政治关联是政府与企业之间关系的重要环节。政治关联一般是通过具有政治背景的高管而发挥作用的,这些人员究竟带给企业的是正面作用还是负面影响,取决于企业聘任政治关联高管的动机及其相对应的激励安排,其中,动机是基本前提,而激励安排则是重要保障。如果没有合适的激励机制,即便政治关联高管有能力帮助企业获得更多的资源,他们也未必有动力去争取这些资源;相反地,如果政府要通过政治关联高管干预公司,那么,以公司价值为基础的激励必定不利于政治关联高管帮助政府干预公司。目前,已有研究将政治关联是否影响了企业与政府之间的关系作为重要的研究内容。然而,已有研究主要关注政治关联帮助企业获得政府的支持,而很少提供政治关联对公司价值产生负面影响的证据;更为重要的是,已有文献尚未就公司对政治关联高管的激励进行研究,从而无法说明政治关联影响公司价值的深层次原因。

本章以中国上市公司为样本,研究了高管政治关联对其薪酬激励和公司员工配置效率的影响,以及这种影响在国有控股公司和非国有控股公司之间的差异。研究结果发现,在地方政府控制的上市公司中,政治关联高管的报酬业绩敏感性低于非政治关联高管,政治关联公司的员工冗余程度更高;在中央政府控制的上市公司中,没有证据表明高管的政治关联对其薪酬业绩敏感性和员工配置效率有显著影响;在非国有控股公司中,政治关联高管的报酬业绩敏感性高于非政治关联高管,政治关联公司的员工冗余和员工短缺程度均较低。研究结果表明,公司聘用政治关联高管的目的不同,决定公司所采用的激励策略也不同,而政治关联对员工配置效率的影响在不同公司中也有显著差异。

本章的贡献主要体现在如下三方面:(1)现有文献很少关注政治关联对薪酬激励的影响,本章在一定程度上弥补了上述缺陷,有助于理解政治关联发挥作用的深层次原因;(2)虽然有大量文献研究了政治关联对公司行为或价值的影响,可是,关于公司特征会如何影响政治关联作用发挥的文献并不多见,本章通过比较政治关联在不同产权类型公司的不同作用及其相应的薪酬激励的差异,丰富了公司产权类型如何影响政治关联作用发挥的经验证据;(3)有关政治关联对员工配置效率的影响的文献并不多见,而研究政治关联对员工配置效率的影响在不同类型公司中是否存在差异的文献更是少见,本章丰富了政治关联如何影响公司员工配置等日常经营方面的研究,有助于我们进一步识别和解释政治关联影响公司价值的具体途径和方式。可见,本章不仅深化了政治关联方面的研究,还丰富了产权结构与激励机制设计以及资源配置效率方面的研究,从而增进了我们对政府、产权与经济效率之间关系的认识。

本章后面的内容安排如下:第二部分是文献回顾;第三部分提出研究假说;第四部分为检验模型;第五部分报告样本构成和描述统计;第六部分是实证结果;最后为研究结论及其启示。

4.2 文 献 回 顾

已有文献主要从政治关联是否影响公司业绩的角度,考察政治关联对企业与政府关系的影响。大部分研究发现,政治关联能够帮助企业获得政府的支持,进而提高公司价值。例如,Adhikari 等(2006)对马来西亚上市公司的研究发现,政治关联企业的实际税率显著低于非政治关联企业;Claessens 等(2008)发现,在巴西国会选举过程中,那些为当选议员提供了资金支持的企业能够获得更多的银行贷款;Leuz 和 Oberholzer-Gee(2006)对印度尼西亚的研究表明,由于政治关联使企业在国内更容易获得资金,政治关联企业更喜欢在国内融资,而不愿意到国外融资;Fan 等(2008)、Li 等(2008)、余明桂和潘红波(2008)发现,具有政治关联的中国企业能够获得全额更多、期限更长的贷款;Francis 等(2009)对中国 IPO 公司的研究发现,政治关联企业在 IPO 过程中发行价格更高、抑价程度更低、发行成本更低;吴文锋等(2009)发现,政治关联能够降低中国民营公司的税收负担;Fishman(2001)对印度尼西亚的研究发现,当印度尼西亚总统苏哈托的健康状况较差时,那些与苏哈托有着密切联系的企业股价显著下降;而当苏哈托健康状况好转时,这些企业股价又显著上升;Johnson 和 Mitton(2003)对马来西亚的研究发现,在亚洲金融危机期间,与总统马哈蒂尔有关联的企业,其股票收益高出其他企业 40.3%;Faccio(2006)以 47 个国家的企业为样本,发现企业建立政治联系后,企业价值显著上升;Faccio 和 Parsley(2009)对 35 个国家的企业的研究发现,当与政治关联企业有密切关系的政府官员死亡时,这些企业的市场价值下降了 1.7%,其销售增长率和贷款额也随之显著下降;Goldman 等(2009)对 S&P 500 公司的研究表明,市场对政治关联高管的任命有正面反应,共和党在选举中获胜,提高了与共和党有关联的公司的价值,降低了与民主党有关联的公司的价值;Li 等(2008)对中国私有企业的研究发现,政治关联对企业业绩具有正面影响;吴文锋等(2008)对中国民营上市公司的研究表明,高管政治背景对企业价值有显著正面作用,并且在政府干预越严重的地区,这种影响程度越大。

然而,也有少部分文献发现政治关联对公司业绩产生不利影响。例如,Faccio 等(2006)对 35 个国家的企业的研究发现,虽然政治关联企业在陷入困境后更容易获得政府支持,但获得支持后业绩显著下降,并显著低于非政治关联企业;Boubakri 等(2008)对 41 个国家进行私有化的国有企业的研究发现,尽管政治关联能够帮助企业进入管制性行业,但政治关联企业的业绩显著低于非政治关联企业;Fan 等(2007)对中国上市公司的研究表明,中国国有企业 IPO 后,高管政治关联的公司,其会计业绩和市场业绩都显著低于非政治关联企业;王庆文和吴世农(2008)对中国上市公司的研究发现,政治关联能提升非国有控股公司的业绩,但会损害国有控股公司的业绩。Bertrand 等(2006)和 Yuan(2008)发现政治关联 CEO 为了政治目的,会雇佣较多的员工,从而对公司业绩可能产生不利影响。可见,政治关联既可能对公司价值产生正面作用,也可能产生负面影响。

虽然已有文献已围绕政治关联进行了多方面的研究,但政治关联发挥作用的深层次原因尚未引起学者们的关注,而这一问题是政治关联研究中的核心问题,因为政治关联高管虽然有能力帮助企业获得政府支持,但未必一定愿意帮助企业获得政府支持;政治关联高管虽然也有能力帮助政府干预企业,但他们也未必会这么做,其背后的决定均在于政治关联高管的薪酬激励。另外,已有文献大多集中于政治关联是否能够帮助企业获得政府支持,少数研究发现政治关联损害了公司价值,然而,已有研究都未能回答政治关联何种情况下提高企业价值、何种情况下降低公司价值的问题。员工配置是影响企业价值的重要渠道,尽管 Bertrand 等(2006)和 Yuan(2008)考察了政治关联对公司员工配置的影响,然而,他们均没有研究政治关联对不同产权类型公司员工配置影响的差异。

4.3 研 究 假 说

国有控股公司与非国有控股公司在聘任政治关联高管的动因方面存在显著差异。国有控股公司的最终控制人是政府,政府通过指派高管等人事安排来保障其控制权的实现。从政府角度来讲,指派前任或现任政府官员担任国有控股公司的高管,或者赋予公司高管一个政治身份,表明政府有较强的动机进行政治干预,希望通过政治关联高管来加强其对公司的控制,实现其政治目的(王庆文和吴世农,2008),尽管不能排除国有企业也可以通过政治关联高管来向政府寻租,但是,在国有企业中,政府想通过政治关联高管干预企业这方面的效应应当居于主要地位,而这也被 Fan 等(2007)和 Boubakri 等(2008)所强调和证实。Fan 等(2007)指出,对于中国国有控股上市公司而言,高管是否具有政治关联,是一个很好的反映政府干预的代理变量。Boubakri 等(2008)对 41 个国家的研究表明,在国有企业私有化的过程中,为了维持对这些企业的控制,政府会在企业的关键职位上安排政府官员。以上分析表明,维持或强化政府对企业的干预,是政府指派政府官员担任国有控股公司高管的重要目的。

与国有控股公司不同,非国有控股公司的高管不是由政府指派的。非国有控股公司聘任政治关联人员作为高管,必然期望他们的政治身份能够为公司创造价值。在法治化水平较低的环境中,政府拥有巨大的权力,企业的生产经营与产权保护都面临较大不确定性。在中国,由于法治化水平较低,与政府的关系对于非国有企业(尤其是民营企业)的生存和发展来说至关重要。因此,如何应对政府环境、处理与政府的关系也就构成了民营企业战略决策和经营行为的重要方面(张建君和张志学,2005)。企业通过与政府建立良好的关系,可以获取政府的保护,降低未来的不确定性。企业与政府建立良好关系的重要渠道是让其高管人员寻求政治身份,如政协委员、人大代表[①]，或者聘用退位官员作为其高管[②]。高管的政治身份既可以通过参政议政影响政府决策，也可以有更多机会与各级官员形成良好关系，获得影响政府决策的渠道。Xin 和 Pearce（1996）发现，与国有企业相比，民营企业把关系放在更加重要的位置，进而在建立关系上投入更多资源；罗党论和唐清泉（2009）则发现，产权保护程度越低、政府干预程度越高、金融发展水平越落后的地区，其民营上市公司越有动机与政府形成政治关系。虽然我们不能排除政治关联高管可能会为了自己的政治前途而迎合政府目的，引入政府干预，但是，我们认为这种效应在非国有企业中不可能占据主导地位，原因在于，非国有企业属于追求企业价值最大化的市场主体，如果这一现象出现，他们会解聘政治关联高管。

薪酬激励的目的在于促使代理人行为与委托人目标相一致。薪酬激励的核心内容在于确定报酬与业绩之间的关系。较高的报酬业绩敏感性，说明高管薪酬水平与公司业绩之间的相关性较高，意味着公司业绩对高管薪酬水平的影响程度较大，从而可以促使高管更加关心公司的业绩水平，增强其提高公司业绩水平或者避免业绩水平下滑的积极性。相反地，较低的报酬业绩敏感性，意味着公司业绩对高管薪酬水平的影响程度较小，从而降低高管关心公司业绩水平的动力，削弱其提高公司业绩水平或者避免业绩水平下滑的积极性。

对于国有控股公司来说，政府通过政治关联高管加强政府对企业的干预，那么，国有控股公司在设计政治关联高管的薪酬激励时，必然会弱化政治关联高管的报酬与公司业绩之间的关系，其原因在于以下两方面：（1）政府对企业的干预会增加公司的政策性负担，进而对公司的业绩产生不利影响。如果高管的报酬业绩敏感性较高，高管为了提高其报酬，可能会抵制政府的干预；相反，弱化政治关联高管的报酬与公司业绩之间的关系，可以减少高管对政府干预的不配合行为；（2）政府干预使公司业绩受公司高管不能控制的因素所影响的份额增大，使得公司业绩指标不能够很好地反映高管的努力程度，从而降低了公司业绩在反映高管努力程度的信息含量。Holmstrom（1979）的研究表明，当一种信息在反映高管努力程度存在较大

---

① 陈钊等（2008）发现，民营企业家凭借政治身份能够获取正式的政治权力。

② 在早期，由于意识形态及其对非公有制企业形式的政策歧视的影响，为了构建与政府的良好关系，民营企业曾广泛寻求一个"红帽子"，即许多原本是私有制的企业，其故意将其产权身份申请为集体所有制形式（Huang, 2008）。

噪音时,其在激励机制的作用应该减少,因此,国有控股公司弱化政治关联高管的薪酬业绩敏感性,有利于对政治关联高管进行恰当的业绩评价。

对于非国有控股公司来说,尽管其目的是期望政治关联高管利用其政治资源给企业带来价值,但政治关联高管有能力帮助企业获得政府的支持,并不意味着其有动力去争取这种支持。公司必须对其进行相应的激励,才能促使其有动力运用其政治资源为公司创造价值。与管理活动需要借助公司的物质资本和公司其他人员的合作不同,高管在利用自己的政治资源为公司创造价值时更是一种"独来独往"的行为,责任归属比较明确,因此,为了促使政治关联高管更好地利用其政治资源为公司创造价值,公司会提高其报酬与业绩的相关性。根据以上分析,可以提出如下假说1:

假说1:政治关联与国有控股公司高管的报酬业绩敏感性负相关,与非国有控股公司高管的报酬业绩敏感性正相关。

公司雇佣员工,对于政府和公司的意义是有所差异的。对于政府来说,促进就业始终是政府的一项重要目标,公司雇佣较多员工,可以帮助政府实现就业目标,因此,政府总是期望公司雇佣更多的员工;对于公司来说,为了实现既定的生产目标,公司也需要雇佣足够数量的员工,员工短缺会导致公司无法按时保质保量地完成既定目标,进而影响公司利润目标的实现;而员工冗余也会增加公司成本,从而降低利润水平。由此可见,员工短缺和员工冗余都意味着员工配置的低效率,都对公司业绩产生不利影响。因此,从公司的角度来看,员工短缺和员工冗余都是损害公司利益的问题。员工配置是公司日常经营的重要内容,高管掌握了员工聘任的重要权力,因而对员工配置具有重大影响。高管对员工配置的态度,取决于员工配置对其利益带来的影响。在国有控股公司中,政治关联高管报酬业绩敏感性低于非政治关联高管,因此,员工配置低效率给政治关联高管报酬的影响相对较小,而雇佣更多员工能够帮助政府促进就业,进而有助于政治关联高管体现政绩,维持和扩充其政治资源,帮助其在任免和升迁方面获得政府的优待。虽然我们不能排除国有企业中的非政治关联高管也有可能为了追求政治利益而接受更多的冗员,但是,我们认为,高管具有政治关联本身在一定程度上可以被视为其具有较强的追求政治利益动机的信号,而相关的文献也发现国有企业中的政治关联高管的确更有可能迎合政府的干预(Fan et al.,2007)。因此,可以预计在国有控股公司中,政治关联公司员工冗余的程度会较高;在非国有控股公司中,政治关联高管的报酬业绩敏感性高于非政治关联高管,他们的报酬与公司业绩之间的关联度更强,因此,他们会更加在意员工短缺或冗余对公司业绩的不利影响,从而努力改善公司员工配置效率。根据以上分析,可以提出假说2:

假说2:高管政治关联与国有控股公司的员工冗余程度正相关,与非国有控股企业的员工不足程度和冗余程度正相关。

4.4 检 验 模 型

为检验假说1,我们运用普通最小二乘法,分别对国有控股公司和非国有控股公司运行如下模型(1):

$$
\begin{aligned}
Lnpay = {} & \beta_0 + \beta_1 CROA + \beta_2 CROA \times PC + \beta_3 PC + \beta_4 Size + \beta_5 Growth + \beta_6 Lev \\
& + \beta_7 First + \beta_8 CEOSH + \beta_9 Dual + \beta_{10} Indir + \beta_{11} PayCom + \beta_{12} Market \\
& + \sum \beta_n Year + \sum \beta_k Industry + \xi
\end{aligned}
\tag{1}
$$

其中,$Lnpay$ 为公司高管薪酬变量,参照 Firth 等(2006)等的做法,它等于公司高管薪酬的自然对数;$CROA$ 为公司业绩变量,它等于公司营业利润除以年末总资产。公司业绩水平越高,高管薪酬也越高,因此,预计其估计系数的符号为正。PC 为政治关联的虚拟变量,如果高管具有政治关联,则 $PC=1$,否则 $PC=0$。其中,高管政治关联的衡量我们结合了 Li 等(2008)、胡旭阳(2006)、Fan 等(2007)、陈钊等(2008)、雷光勇等(2009)的研究,认为如果高管目前或曾经是中央和各级地方政府官员、人大代表和政协委员,则判断其具有政治关联,否则,他不具有政治关联。$CROA \times PC$ 为 $CROA$ 与 PC 的交互项,其估计系数表示政治关联对薪酬业绩敏感性的影响。根据假说1,政治关联与国有控股公司高管的报酬业绩敏感性负相关,与非国有控股公司高管的报酬业绩敏感性正相关,因此,预计国有控股公司的回归结果中,$CROA \times PC$ 的回归系数显著为负;非国有控股公司的回归结果中,$CROA \times PC$ 的回归系数显著为正。

根据已有文献和相关理论,模型(1)还控制了公司规模($Size$)、成长性($Growth$)、财务风险(Lev)、第一大股东持股比例($First$)、高管持股比例($CEOSH$)、两职合一($Dual$)、董事会结构($Indir$)、是否设置薪酬委员会($PayCom$)和公司所在地的市场化程度($Market$)、行业与年度等因素。其中,$Size$ 为公司规模变量,它等于年末资产总额的自然对数。规模越大的公司,其对高管的经营能力和努力程度提出了更高要求,因而,高管薪酬水平也越高(Smith and Watts, 1992; Core et al., 1999; Elloumi and

Gueyie，2001，Firth et al.，2006)，预计 *Size* 的回归系数显著为正；*Growth* 为销售收入增长率，销售的增长反映了高管的工作能力，因此，我们预期 *Growth* 的符号为正；*Lev* 为公司财务风险变量，它等于年末负债总额除以资产总额。Banker 和 Datar(1989)发现，公司风险既可能与高管薪酬负相关，也可能与高管薪酬正相关，因此，无法预计 *Lev* 估计系数的符号；*First* 为公司股权结构变量，它等于第一大股东的持股比例。第一大股东持股比例越高，其对公司高管的监督能力越强，从而高管自定薪酬的能力就越弱，股权集中度与高管薪酬负相关(Santerre and Neun，1986)，因此，估计 *First* 的估计系数显著为负；*CEOSH* 为总经理的持股比例，从理论上讲，总经理持股比例越高，对薪酬激励的需要就越少，但是，总经理持股比例越高，也可能导致其自定薪酬的能力增强，从而提高其薪酬水平，因此，我们不预期 *CEOSH* 的符号；*Dual* 为董事长和总经理两职合一变量，如果总经理同时为公司董事长，则取 1，否则取 0，Core 等(1999)发现两职合一的情况下 CEO 的报酬水平较高，因此我们预期 *Dual* 的回归系数显著为正；*Indir* 为公司独立董事比例，Core 等(1999)发现内部董事比例与 CEO 薪酬负相关，因此我们预期 *Indir* 回归系数符号正；*PayCom* 衡量了公司薪酬委员会的设置情况，如果设置了薪酬委员会，则取 1，否则取 0，方军雄(2009)的研究发现设置了薪酬委员会的公司高管薪酬水平更高，因此我们预期 *PayCom* 的符号显著为正；*Market* 为公司所在地的市场化指数。与雷光勇和刘慧龙(2007)以及 Wang 等(2008)一致，地区市场化指数取自樊刚等(2004，2007)。由于樊刚等(2007)没有提供中国各地区 2006—2008 年的市场化指数，考虑到地区市场化进程排名在各年之间变化不大，因此，我们使用 2005 年的市场化指数来代替 2006—2008 年的市场化水平。中国市场化水平较高的地区，经济发展水平较高，高管薪酬水平也较高(辛清泉等，2007)，因此，预计 *Market* 的回归系数显著为正。

要研究政治关联与员工配置效率之间的关系，首先需要估计公司的员工短缺和员工冗余。曾庆生和陈信元(2005)认为，公司规模、资本密集度、公司成长性以及行业特征是决定员工规模最基本最主要的因素；此外，公司盈利能力、财务状况以及不同年度的宏观经济状况也影响公司对员工的需求。因此，可以运用普通最小二乘法，采用模型(2)分年度分行业估计公司的员工短缺和员工冗余。

$$Emp = \theta_0 + \theta_1 Size + \theta_2 Lev + \theta_3 ROA + \theta_4 Growth + \theta_5 PPE + \delta \qquad (2)$$

其中，Emp 为员工规模变量，它等于员工规模除以年末资产总额乘以 10 000；$Size$ 和 Lev 的定义与模型（1）一致；ROA 为公司盈利能力，它等于净利润除以年末总资产；$Growth$ 为公司成长性变量，它等于当年公司营业收入增长率；PPE 为资产密集度变量，它等于年末固定资产除以资产总额。模型（2）估计的残差即为超常员工，如果 $ExEmp>0$，说明公司员工冗余；如果 $ExEmp<0$，说明公司员工短缺。

为检验假说 2，我们运用普通最小二乘法，运用如下模型（3）分别对国有控股公司和非国有控股公司进行回归分析：

$$ExEmp = \alpha_0 + \alpha_1 PC + \alpha_2 First + \alpha_3 CEOSH + \alpha_4 Dual + \alpha_5 Indir$$
$$+ \alpha_3 Market + \sum \alpha_n Year_n + \sum \alpha_k Industry_k + \varepsilon \qquad (3)$$

其中，$ExEmp$ 为超常员工变量，它是模型（2）估计的残差；模型（3）中其余变量的定义均与模型（1）相同。曾庆生和陈信元（2005）发现，股权集中度越高，员工规模越大；公司所在地市场化水平越高，员工规模越小。此外，总经理的持股比例、董事长和总经理职位是否合一、独立董事比例等公司治理因素可能会影响总经理的员工配置动机和权力，因此，模型（2）还控制了第一大股东持股比例（$First$）、总经理的持股比例（$CEOSH$）、董事长和总经理职位是否合一（$Dual$）、独立董事比例（$Indir$）和公司所在地的市场化水平（$Market$）。根据假说 2，在国有控股公司的回归结果中，当 $ExEmp>0$ 时，预计 PC 的回归系数显著为正；在非国有控股公司的回归结果中，当 $ExEmp>0$ 时，预计 PC 的回归系数显著为负；当 $ExEmp<0$ 时，预计 PC 的回归系数显著为正。

4.5　样本与描述统计

本章研究高管政治关联对薪酬激励以及员工配置效率的影响，而总经理是公司中最为重要的高管，因此，实证检验部分将总经理作为公司高管的代表。CSMAR 数据库提供了 1999—2008 年的上市公司总经理报酬和职工人数数据，因此，我们将样本区间确定为 1999—2008 年。金融行业与其他行业存在较大差异，因此剔除了金融行业企业。此外，还剔除了职工人数缺失以及自变量数据缺失的样本；为了避免极端值和公司非正常经营对超常员工估计带来的影响，剔除了资产负债率（Lev）大于 10、$CROA$ 和 ROA 小于 −10，以及营业收入小于 0 的样本，并对营业收入增长率

(*Growth*)在 1% 和 99% 分位上进行 Winsorize 处理①。经过上述处理以后，我们得到了 11 418 个样本。2005 年之前总经理薪酬数据存在大量缺失，而分析总经理政治关联与员工配置效率时并不需要薪酬数据，因此，在对模型(3)进行回归时，没有剔除总经理薪酬数据缺失的样本。而分析政治关联与薪酬激励之间的关系时，不仅剔除总经理薪酬数据缺失的样本，还剔除了总经理薪酬为 0、小于 10 000 以及大于 1 亿的样本②。

本章所使用的总经理政治关联数据是从公司年报、公告以及网络信息中手工收集的，最终控制人数据、第一大股东持股比例数据、总经理持股比例、薪酬委员会的数据来自 CCER 数据库，总经理薪酬数据、职工人数数据、董事会特征数据和财务数据来自 CSMAR 数据库，市场化指数数据来自于樊刚等编制的《中国市场化指数-各地区市场化相对进程 2003 年报告》和《中国市场化指数-各地区市场化相对进程 2006 年报告》。

表 4-1 报告了样本的年度与行业分布情况。其中第一栏是样本年度分布情况，第二栏是样本行业分布情况。表 4-2 报告了描述统计，其中，第(1)部分、第(2)部分和第(3)部分分别为全样本、国有控股公司、非国有控股公司的描述统计结果，第(4)部分报告了两组子样本之间的差异。

从样本的年度分布情况来看，1999 年的政治关联公司样本比例最大，为 32.62%，2006 年比例最小，为 23.8%；从样本的行业分布来看，采矿业、交通运输仓储业和房地产三个行业的政治关联样本比例最高，传播与文化产业、制造业和批发与零售行业三个行业的政治关联样本比例最低。

从全样本来看，*PC* 的平均值约为 0.270，说明大约有 27% 的总经理具有政治关联，这一结果与 Fan 等(2007)描述的情况基本一致。国有控股公司的 *PC* 平均值为 0.272，非国有控股公司的 *PC* 平均值为 0.265，两者不存在显著的差异。全样本 *ExEmp* 的最小值和最大值分别为 −0.093 和 0.183，而国有控股公司和非国有控股公司 *ExEmp* 的最小值也都小于零，最大值也都大于零，说明无论是国有控股公司还是非国有控股公司，都既有员工短缺的公司，也有员工冗余的公司。从平均值和中位数的统计检验结果来看，国有控股公司的 *ExEmp* 显著大于非国有控股公司，说明国有控股公司的相对员工规模大于非国有控股公司。全样本 *Lnpay* 的平均值(中

---

① 之所以要对 *Growth* 进行 Winsorize 处理，是因为 *Growth* 变量存在少量极端值。

② 根据中国的现实情况，正常情况下，总经理得到的薪酬不应该小于 10 000，更不应该为 0，但不会大于 1 亿。

样本分布

表 4-1

第一栏：样本年度分布

年份	1999	2000	2001	2002	2003	2004	2005	2006	2007	2008	合计
合计	751	856	1 001	1 087	1 158	1 218	1 293	1 294	1 272	1 488	11 418
政治关联样本	245	265	298	309	314	308	319	308	318	399	3 083
非政治关联样本	506	591	703	778	844	910	974	986	954	1 089	8 335
政治关联样本比例	32.62%	30.95%	29.77%	28.43%	27.12%	25.29%	24.67%	23.80%	25.00%	26.81%	27.00%

第二栏：样本行业分布

行 业	政治关联	非政治关联	合计	政治关联比例	行 业	政治关联	非政治关联	合计	政治关联比例
农林牧副渔业	108	177	285	37.89%	信息技术业	147	520	667	22.04%
采矿业	78	80	158	49.38%	批发和零售业	218	649	867	25.14%
制造业	1 451	5 175	6 626	21.90%	房地产业	222	252	474	46.84%
电力、燃气及水的生产和供应业	167	310	477	35.01%	社会服务业	150	225	375	40.00%
建筑业	62	145	207	29.95%	传播与文化产业	16	84	100	16.00%
交通运输仓储业	220	224	444	49.55%	综合类	244	494	738	33.06%

表 4-2 描述统计

	观测数	平均值	中位数	最小值	最大值	标准差
(1) 全样本						
PC	11 418	0.270 0	0.000 0	0.000 0	1.000 0	0.444 0
ExEmp	11 418	0.000 0	−0.002 0	−0.093 0	0.183 0	0.013 0
Lnpay	5 681	12.096 0	12.206 0	9.210 0	15.776 0	1.018 0
First	11 418	0.403 0	0.385 0	0.019 0	0.886 0	0.168 0
CEOSH	11 418	0.002 0	0.000 0	0.000 0	0.691 0	0.021 0
Dual	11 418	0.131 0	0.000 0	0.000 0	1.000 0	0.337 0
Indir	11 418	0.263 0	0.333 0	0.000 0	0.750 0	0.148 0
PayCom	11 418	0.489 0	0.000 0	0.000 0	1.000 0	0.500 0
Market	11 418	7.097 0	6.860 0	0.330 0	10.410 0	1.935 0
CROA	11 418	0.017 0	0.034 0	−7.838 0	0.823 0	0.204 0
Size	11 418	21.205 0	21.102 0	14.937 0	27.346 0	1.049 0
Growth	11 418	0.225 0	0.141 0	−0.801 0	3.909 0	0.591 0
Lev	11 418	0.534 0	0.497 0	0.000 0	9.765 0	0.461 0
(2) 国有控股公司						
PC	8 206	0.272 0	0.000 0	0.000 0	1.000 0	0.445 0
ExEmp	8 206	0.000 0	−0.002 0	−0.041 0	0.183 0	0.013 0
Lnpay	3 836	12.070 0	12.206 0	9.210 0	15.776 0	1.058 0
First	8 206	0.435 0	0.429 0	0.031 0	0.886 0	0.168 0
CEOSH	8 206	0.000 0	0.000 0	0.000 0	0.284 0	0.004 0
Dual	8 206	0.112 0	0.000 0	0.000 0	1.000 0	0.315 0
Indir	8 206	0.248 0	0.333 0	0.000 0	0.727 0	0.152 0
PayCom	8 206	0.475 0	0.000 0	0.000 0	1.000 0	0.499 0
Market	8 206	6.971 0	6.810 0	0.330 0	10.410 0	1.935 0
CROA	8 206	0.025 0	0.035 0	−7.838 0	0.823 0	0.155 0
Size	8 206	21.342 0	21.218 0	14.937 0	27.346 0	1.053 0
Growth	8 206	0.215 0	0.143 0	−0.801 0	3.909 0	0.530 0
Lev	8 206	0.506 0	0.487 0	0.008 0	9.239 0	0.345 0
(3) 非国有控股公司						
PC	3 212	0.265 0	0.000 0	0.000 0	1.000 0	0.442 0
ExEmp	3 212	−0.001 0	−0.003 0	−0.093 0	0.129 0	0.013 0

（续表）

	观测数	平均值	中位数	最小值	最大值	标准差
Lnpay	1 845	12. 149 0	12. 206 0	9. 210 0	15. 120 0	0. 927 0
First	3 212	0. 321 0	0. 290 0	0. 019 0	0. 852 0	0. 139 0
CEOSH	3 212	0. 007 0	0. 000 0	0. 000 0	0. 691 0	0. 038 0
Dual	3 212	0. 179 0	0. 000 0	0. 000 0	1. 000 0	0. 383 0
Indir	3 212	0. 299	0. 333 0	0. 000 0	0. 750 0	0. 131 0
PayCom	3 212	0. 524 0	0. 000 0	0. 000 0	1. 000 0	0. 499 0
Market	3 212	7. 420 0	7. 620 0	0. 330 0	10. 410 0	2. 055 0
CROA	3 212	−0. 004 0	0. 032 0	−7. 614 0	0. 661 0	0. 292 0
Size	3 212	20. 853 0	20. 842 0	16. 831 0	24. 652 0	0. 952 0
Growth	3 212	0. 251 0	0. 135 0	−0. 801 0	3. 909 0	0. 724 0
Lev	3 212	0. 608 0	0. 520 0	0. 000 0	9. 765 0	0. 666 0

（4）国有控股公司—非国有控股公司

	平均值之差	t 检验(t)	中位数之差	秩和检验(Z)
PC	0. 006	0. 6 900	0. 000 0	0. 6 900
ExEmp	0. 001	3. 84***	0. 001 0	4. 53***
Lnpay	−0. 079	−2. 75***	0. 000 0	−0. 090 0
First	0. 114	34. 07***	0. 139 0	29. 12***
CEOSH	−0. 007	−15. 86***	0. 000 0	2. 788***
Dual	−0. 067	−9. 62***	0. 000 0	−9. 691***
Indir	−0. 051	−16. 64***	0. 000 0	−16. 37***
PayCom	−0. 049	−4. 76***	0. 000 0	−4. 87***
Market	−0. 449	−10. 96***	−0. 810 0	−7. 69***
CROA	0. 029	6. 90***	0. 003 0	1. 93*
Size	0. 49	22. 98***	0. 376 0	17. 05***
Growth	−0. 036	−2. 95***	0. 008 0	1. 100 0
Lev	−0. 102	−10. 68***	−0. 033 0	−6. 18***

注：(1)当总经理具有政治关联时，*PC*＝1，否则 *PC*＝0；*ExEmp* 由模型(3)分行业分年度回归估计而来，衡量超常员工；*Lnpay*＝总经理报酬的自然对数；*First* 为第一大股东持股比例；*CEOSH* 为总经理持股比例；当总经理同时是董事长时，*Dual*＝1，否则 *Dual*＝0；*Indir* 为独立董事比例；当公司设置了薪酬委员会时，*PayCom*＝1，否则 *PayCom* ＝0；*Market* 为市场化指数；*CROA*＝营业利润/总资产；*Size* 为总资产的自然对数；*Growth* 为营业收入增长率；*Lev* 为资产负债率。(2)*、**、***分别表示在 10%、5%、1%水平上显著。

位数)为 12.096(12.206),最小值(最大值)为 9.210(15.776),说明不同公司的总经理薪酬差异较大;国有控股公司 *Lnpay* 的平均值(中位数)为 12.070(12.206),非国有控股公司 *Lnpay* 的平均值(中位数)为 12.149(12.206),从平均值来看,国有控股公司总经理薪酬水平低于非国有控股公司,但中位数比较结果显示,两者并没有存在显著的差异。

全样本 *First* 的平均值(中位数)为 0.403(0.385),最小值(最大值)为 0.019(0.886),说明公司之间第一大股东持股比例差异较大、一股独大现象比较突出;国有控股公司 *First* 的平均值(中位数)为 0.435(0.429),非国有控股公司 *First* 的平均值(中位数)为 0.321(0.290),统计检验结果表明,国有控股公司第 1 大股东持股比例高于非国有控股公司;国有控股公司 *CEOSH*,*Dual*,*Indir*,*PayCom* 的平均值分别为 0.000,0.112,0.248 和 0.475,非国有控股公司 *CEOSH*,*Dual*,*Indir*,*PayCom* 的平均值分别为 0.007,0.179,0.299 和 0.524。统计检验结果表明:平均来看,国有控股公司总经理的持股比例较低、两职合一的可能性、独立董事的比例、薪酬委员会设置的可能性均较低。国有控股公司 *Market* 的平均值(中位数)为6.971(6.810),非国有控股公司 *Market* 的平均值(中位数)为 7.420(7.620),统计检验结果表明,国有控股公司所处地区市场化水平低于非国有控股公司,表明随着市场化水平提高,国有控股公司的比例在下降。全样本 *CROA* 的最小值和最大值分别为—7.838 和 0.823,表明不同公司之间的盈利能力差异较大;国有控股公司 *CROA* 的平均值(中位数)为 0.025(0.035),非国有控股公司 *CROA* 的平均值(中位数)为—0.004(0.032),统计检验结果表明,国有控股公司的盈利能力好于非国有控股公司。全样本 *Size* 的最小值和最大值分别为 14.937 和 27.346,表明不同公司之间的规模差异也较大;国有控股公司 *Size* 的平均值(中位数)为 21.342(21.218),非国有控股公司 *Size* 的平均值(中位数)为 20.853(20.842),统计检验结果表明,国有控股公司规模大于非国有控股公司。全样本 *Growth* 的最小值和最大值分别为—0.801 和 3.909,表明不同公司之间的成长性具有较大的差异。国有控股公司 *Lev* 的平均值(中位数)为 0.506(0.487),非国有控股公司 *Lev* 的平均值(中位数)为 0.608(0.520),统计检验结果表明,国有控股公司的负债水平低于非国有控股公司。

表 4-3 报告了相关系数,其中右上角是 Spearman 相关系数,左下角是 Pearson 相关系数。从 Spearman 相关系数来看,*PC* 与 *ExEmp*,*Dual*,*CROA*,*Size* 显著正相关,与 *Indir*,*PayCom*,*Market*,*Growth*,*Lev* 显著负相

表 4-3　相关系数

	PC	NSOE	ExEmp	Lnpay	First	CEOSH	Dual
PC		−0.006	0.017*	−0.010	0.012	0.000	0.094***
NSOE	−0.006		−0.054***	0.016	−0.311***	−0.026***	0.090***
ExEmp	0.013	−0.036***		0.006	0.071***	0.022**	0.010
Lnpay	−0.013	0.036***	−0.069***		−0.087***	0.079***	0.013
First	0.009	−0.304***	0.065***	−0.120***		−0.035***	−0.065***
CEOSH	−0.010	0.147***	−0.001	0.073***	−0.068***		0.074***
Dual	0.094***	0.090***	0.005	0.014	−0.067***	0.106***	
Indir	−0.057***	0.154***	−0.005	0.469***	−0.127***	0.068***	−0.029***
PayCom	−0.047***	0.045***	−0.016*	0.395***	−0.124***	0.056***	−0.022**
Market	−0.013	0.102***	−0.042***	0.435***	−0.090***	0.099***	0.011
CROA	0.005	−0.064***	−0.021**	0.143***	0.112***	0.025***	−0.017*
Size	0.021**	−0.210***	0.000	0.414***	0.203***	−0.053***	−0.078***
Growth	−0.013	0.028***	0.000	0.065***	0.041***	0.005	−0.013
Lev	−0.015	0.099***	0.000	−0.050***	−0.136***	−0.036***	0.003

(续表)

	Indir	Paycom	Market	CROA	Size	Growth	Lev
PC	-0.053***	-0.047***	-0.017*	0.023*	0.029***	-0.024***	-0.032***
NSOE	0.153***	0.045***	0.106***	-0.028***	-0.197***	-0.018*	0.072***
ExEmp	0.015	0.019**	-0.032***	0.027***	0.080***	0.007	0.005
Lnpay	0.328***	0.379***	0.437***	0.249***	0.416***	0.131***	0.022**
First	-0.128***	-0.117***	-0.089***	0.184***	0.176***	0.076***	-0.149***
CEOSH	-0.120***	-0.067***	0.057***	0.126***	0.079***	0.026***	-0.099***
Dual	-0.005	-0.022**	0.011	-0.013	-0.071***	-0.017*	-0.008
Indir		0.480***	0.299***	-0.069***	0.172***	0.039***	0.146***
PayCom	0.511***		0.210***	-0.002	0.172***	0.044***	0.086***
Market	0.305***	0.213***		0.045***	0.174***	-0.005	0.064***
CROA	-0.025***	0.011	0.011		0.195***	0.365***	-0.419***
Size	0.185***	0.183***	0.175***	0.222***		0.168***	0.147***
Growth	0.018*	0.010	-0.001	0.154***	0.074***		0.006
Lev	0.082***	0.028***	0.053***	-0.543***	-0.126***	-0.030***	

注:(1)当总经理具有政治关联时,$PC=1$,否则 $PC=0$;$NSOE=1$,当公司的最终控制人为非国有产权时,否则 $NSOE=0$;$ExEmp$ 由模型(3)分行业分年度回归估计而来,衡量超常员工;$Lnpay=$总经理报酬的自然对数;$First$ 为第一大股东持股比例;$CEOSH$ 为总经理同时是董事长时,$CEOSH=1$,否则 $CEOSH=0$;$Indir$ 为独立董事比例;当公司设置了薪酬委员会时,$PayCom=1$,否则 $PayCom=0$;$Market$ 为市场化指数;$CROA=$营业利润/总资产;$Size$ 为总资产的自然对数;$Growth$ 为营业收入增长率;Lev 为资产负债率;表格的右上角是 Spearman 相关系数;(2)表格的右下方是 Pearson 相关系数,*、**、*** 分别表示在 10%、5%、1% 水平上显著。

关,表明政治关联公司出现员工短缺情形的概率较低,而出现员工冗余情形的概率较大,同时,政治关联公司的两职合一情况较多、盈余水平较高、规模较大,独立董事比例、设置薪酬委员会的可能性、成长性和资产负债率水平较低,更多地处于市场化水平较低的地区;从 Pearson 相关系数来看,PC 与 $Dual$ 和 $Size$ 显著正相关,与 $Indir$,$PayCom$ 显著负相关,表明政治关联公司两职合一情况较多、规模较大,独立董事比例和设置薪酬委员会的可能性较低。综合以上结果来看,董事长和总经理两职合一、独立董事比例较低、没有设置薪酬委员会、规模较大、资产负债率水平较低,以及所在地市场化水平较低的公司,其高管更有可能具有政治关联。无论是 Spearman 相关系数还是 Pearson 相关系数,$NSOE$ 均与 $ExEmp$,$First$,$CROA$,$Size$ 显著负相关,与 $Dual$,$Indir$,$PayCom$,$Market$ 和 Lev 显著正相关,表明非国有控股公司的员工短缺情形较多、第一大股东持有股比例和盈余水平较低、规模较小,两职合一的可能性更多、独立董事比例较低、更有可能设置薪酬委员会,所在地市场化水平和资产负债率较高;$Lnpay$ 与 $First$ 显著负相关,与 $Indir$,$PayCom$,$Market$,$CROA$,$Size$,$Growth$ 显著正相关,说明第一大股东持股比例越高,总经理薪酬水平越低;公司独立董事比例越高、设置了薪酬委员会、所在地市场化水平、盈余水平和成长性越高、规模较大,总经理薪酬水平越高。在所有变量的相关系数中,模型(1)和模型(2)的自变量之间不存在高度的相关关系。

4.6　回　归　结　果

4.6.1　基本检验结果

表 4-4 报告了模型(1)的回归结果。从全样本回归结果看,$CROA$ 的回归系数为 0.434,在 1% 水平显著为正,说明非政治关联公司的业绩越高,高管薪酬也越高;$PC \times CROA$ 的回归系数为 -0.309,在 1% 水平上显著为负,说明在国有控股公司中,政治关联高管的报酬业绩敏感性低于非政治关联高管,这一结果支持了假说 1;$NSOE \times PC \times CROA$ 的回归系数为 0.404,在 5% 水平上显著,表明非国有控股公司的政治关联高管的报酬业绩敏感性高于国有控股公司;PC 的回归系数不显著异于 0,说明没有证据表明国有控股公司的政治关联高管获得更高薪酬;$NSOE$ 的回归系数不显著,说明国有控股公司与非国有控股公司的高管薪酬水平平均来说没有显

著差异。*Size*，*Growth*，*CEOSH*，*Dual*，*PayCom*，*Market* 的回归系数显著为正，表明公司规模越大、成长性越好、总经理持股比例越高，总经理和董事长两职合一、设置了薪酬委员会和处于市场化水平较高的地区时，高管薪酬水平越高。*First* 的回归系数显著为负，说明随着第一大股东持股比例越高，高管薪酬水平越低。*Market* 回归系数显著为正，说明市场化程度较高的地区，高管薪酬水平较高。

表 4-4　　　　　　　　回归结果

变　量	全样本		国有控股公司		非国有控股公司	
	系数	*t* 值	系数	*t* 值	系数	*t* 值
截距	5.52	25.28***	5.766	22.84***	5.182	12.38***
CROA	0.434	6.39***	1.030	8.54***	0.208	2.48**
PC×CROA	−0.309	−3.05***	−0.907	−6.61***	0.394	2.39**
NSOE×PC×CROA	0.404	2.37**				
PC	0.036	1.60	0.043	1.59	0.033	0.82
NSOE	0.006	0.25				
Size	0.276	27.51***	0.262	22.41***	0.301	15.40***
Growth	0.067	3.81***	0.082	3.40***	0.042	1.62
Lev	−0.013	−0.54	−0.051	−1.26	0.028	0.93
First	−0.487	−7.31***	−0.531	−6.92***	−0.378	−2.83***
CEOSH	1.108	2.91***	2.997	1.62	1.163	2.86***
Dual	0.140	4.82***	0.125	3.33***	0.174	3.78***
Indir	0.224	1.51	0.293	1.65*	0.149	0.56
PayCom	0.131	4.94***	0.114	3.52***	0.156	3.00***
Market	0.125	23.11***	0.131	19.42***	0.103	11.12***
年度效应	已控制	已控制	已控制	已控制	已控制	已控制
行业效应	已控制	已控制	已控制	已控制	已控制	已控制
Adj-R²	0.503 1		0.560 1		0.378 0	
F 值	165.29		153.59		34.96	
N	5 681		3 836		1 845	

注：(1)因变量 *Lnpay*=总经理报酬的自然对数；*CROA*=营业利润/总资产；当总经理具有政治关联时，*PC*=1，否则 *PC*=0；当公司的最终控制人为非国有产权时，*NSOE*=1，否则 *NSOE*=0；*Size* 为总资产的自然对数；*Growth* 为营业收入增长率；*Lev* 为资产负债率；*First* 为第一大股东持股比例；*CEOSH* 为总经理持股比例；当总经理同时是董事长时，*Dual*=1，否则 *Dual*=0；*Indir* 为独立董事比例；当公司设置了薪酬委员会时，*PayCom*=1，否则 *PayCom*=0；*Market* 为市场化指数。(2)*、**、*** 分别表示在 10%、5%、1%水平上显著。

在国有控股公司的回归结果中，*CROA* 的回归系数为 1.030，在 1%水平上显著为正，表明非政治关联公司的业绩水平越高，高管薪酬也越高；

$PC \times CROA$ 的回归系数为 -0.907,在 1% 水平上显著为负,说明在国有控股公司中,政治关联高管的报酬业绩敏感性低于非政治关联高管,进一步支持了假说 1;在非国有控股公司的回归结果中,$CROA$ 的回归系数为 0.208,在 5% 水平上显著,$PC \times CROA$ 的回归系数为 0.394,在 5% 水平上显著,说明非国有控股公司的业绩水平越高,高管薪酬水平也越高;政治关联高管的薪酬业绩敏感性高于非政治关联高管,支持了假说 1。比较以上两个子样本的回归结果,可以发现,高管政治关联对薪酬业绩敏感性的影响在国有控股公司和非国有控股公司中完全相反,国有控股公司倾向于鼓励政治关联高管让公司引入政府干预、偏离利润最大化目标,而非国有控股公司则试图鼓励政治关联高管努力改善公司经营业绩。两个子样本的回归结果中,控制变量的估计系数和符号与全样本的回归结果基本一致。

　　表 4-5 报告了模型(3)的回归结果。从全样本来看,当 $ExEmp \leqslant 0$ 时,PC 的回归系数不显著异于 0,说明在国有控股公司中,高管政治关联对员工短缺没有显著影响;$NSOE$ 的回归系数为 -0.001,在 1% 水平上显著,说明非政治关联的非国有控股公司的员工短缺程度高于非政治关联的国有控股公司;$NSOE \times PC$ 的回归系数为 0.001,在 5% 水平上显著,说明高管政治关联显著降低了非国有控股公司的员工短缺程度,在一定程度上支持了假说 2;当 $ExEmp > 0$ 时,PC 的回归系数为 0.001,在 5% 水平上显著,说明在国有控股公司中,政治关联公司的员工冗余程度高于非政治关联公司;$NSOE$ 的回归系数为 0.003,在 1% 水平上显著,$NSOE \times PC$ 的回归系数为 -0.003,在 1% 水平上显著,说明高管政治关联能够降低非国有控股公司的员工冗余程度,支持了假说 2。从子样本回归结果来看,当 $ExEmp \leqslant 0$ 时,国有控股公司的 PC 回归系数不显著异于 0,而非国有控股公司的 PC 回归系数在 1% 水平上显著大于 0;当 $ExEmp > 0$ 时,国有控股公司的 PC 回归系数在 5% 水平上显著大于 0,而非国有控股公司的 PC 回归系数在 5% 水平上显著为小于 0。以上结果再次说明,高管政治关联提高了国有控股公司员工冗员程度,但降低了非国有控股公司的员工短缺和员工冗余程度,支持了假说 2。需要指出的是,高管政治关联对国有控股公司的员工短缺程度没有显著影响,其原因在于,尽管较低的报酬业绩敏感性削弱了国有控股公司政治关联高管降低员工短缺程度的动力,但增加员工聘用数量对于政治关联高管的价值高于非政治关联高管,因此,聘用更多员工给政治关联高管所带来的价值,在一定程度弥补了较低的报酬业绩敏感性对政治关联高管降低员工短缺程度的积极性的削弱。

表 4-5

回归结果

变量	ExEmp≤0						ExEmp>0					
	全样本		国有控股公司		非国有控股公司		全样本		国有控股公司		非国有控股公司	
	系数	t值	系数	t值	系数	t值	系数	t值	系数	t值	系数	t值
截距	-0.007	-15.22***	-0.007	-13.62***	-0.007	-8.05***	0.012	8.32***	0.013	7.99***	0.011	3.87***
PC	-0.000	-1.00	-0.000	-0.86	0.001	2.07**	0.001	2.16**	0.001	2.00**	-0.002	-2.26**
$NSOE$	-0.001	-5.98***					0.003	4.64***				
$NSOE×PC$	0.001	2.56**					-0.003	-3.31***				
$First$	0.004	10.54***	0.005	10.81***	0.002	2.24**	0.001	1.01	0.000	0.00	0.005	1.69*
$CEOSH$	0.007	2.40**	-0.000	-0.02	0.006	1.86*	-0.002	-0.23	0.047	1.16	-0.010	-0.97
$Dual$	-0.000	-1.39	-0.000	-1.44	-0.000	-0.19	0.000	0.41	0.000	0.13	0.000	0.35
$Indir$	0.001	1.23	0.002	1.86*	-0.001	-0.72	-0.005	-1.79*	-0.005	-1.71*	-0.004	-0.73
$Market$	-0.000	-3.25***	-0.000	-3.54***	-0.000	-0.75	-0.000	-1.81*	-0.000	-2.60***	0.000	0.64
年度效应	已控制	已控制	已控制	已控制	已控制	已控制	已控制	已控制	已控制	已控制	已控制	已控制
行业效应	已控制	已控制	已控制	已控制	已控制	已控制	已控制	已控制	已控制	已控制	已控制	已控制
$Adj. R^2$	0.177 5		0.172 1		0.194 4		0.056 3		0.055 6		0.057 8	
F 值	51.96		37.85		19.44		10.73		8.74		3.81	
N	6 851		4 787		2 064		4 567		3 419		1 148	

注:(1) 因变量 $ExEmp$ 由模型(3) 分行业分年度回归估计而来,衡量超常员工;$Size$ 为总资产的自然对数;当总经理具有政治关联时,$PC=1$,否则 $PC=0$;当公司的最终控制人为非国有产权时,$NSOE=1$,否则 $NSOE=0$;$First$ 为第一大股东持股比例;$CEOSH$ 为总经理持股比例;$Dual=1$,当总经理同时是董事长时,否则 $Dual=0$;$Indir$ 为独立董事比例;$Market$ 为公司所在省市场化指数。(2) *、**、*** 分别表示在 10%、5%、1% 水平上显著。

控制变量方面,在全样本回归结果中,当 $ExEmp \leqslant 0$ 时,$First$ 的回归系数在 1% 水平上显著为正,$CEOSH$ 的回归系数在 5% 的水平上显著为正,$Market$ 的回归系数在 1% 水平上显著为负,$Dual$ 和 $Indir$ 的回归系数均不显著异于 0;当 $ExEmp > 0$ 时,$First$,$CEOSH$,$Dual$ 的回归系数不显著异于 0,$Indir$,$Market$ 的回归系数显著小于 0。上述结果说明,第一大股东持股比例和总经理持股比例越高,员工短缺程度越低;所在地区市场化程度越高,员工短缺程度越高;独立董事比例越高、所在地区市场化程度越高,员工冗余程度越低。在国有控股公司的回归结果中,当 $ExEmp \leqslant 0$ 时,$First$,$Indir$ 的回归系数显著大于 0,$Market$ 的回归系数显著小于 0,$CEOSH$,$Dual$ 的回归系数不显著异于 0;当 $ExEmp > 0$ 时,$First$,$CEOSH$,$Dual$ 的回归系数不显著异于 0,$Indir$,$Market$ 的回归系数显著小于 0。上述结果说明,第一大股东持股比例和独立董事比例越高,国有控股公司员工短缺程度越低;独立董事比例越高,员工冗余程度越低;所在地区市场化水平越高,国有控股公司员工短缺程度也越高,但员工冗余程度较低;在非国有控股公司的回归结果中,当 $ExEmp \leqslant 0$ 时,$First$,$CEOSH$ 的回归系数显著大于 0;当 $ExEmp > 0$ 时,$First$ 的回归系数在 10% 水平上显著大于 0。它表明第一大股东持股比例越高,非国有控股公司的员工短缺程度越低,但员工冗余程度越高。

鉴于 2005 年以前,中国《企业财务报告披露准则》只要求上市公司公开披露薪酬最高的前三名高管薪酬之和以及所有高管的薪酬之和,因此,大多数公司都没有直接披露总经理薪酬。自 2005 年起,中国证券监督管理委员会颁布了新的《企业财务报告披露准则》,要求上市公司披露每一位现任董事、监事和高级管理人员在报告期内从公司获得的报酬总额,因此,2005 年之后总经理薪酬数据比较齐全。为了检验上文研究结论是否受到数据缺失的影响,我们剔除了 2005 年之前的样本,重新对模型(1)进行回归,回归结果见表 4-6。

表 4-6　　　　　　　　　　回归结果(2005—2008 年)

变　量	全样本		国有控股公司		非国有控股公司	
	系数	t 值	系数	t 值	系数	t 值
截距	5.555	23.68***	5.978	22.03***	5.202	11.99***
$CROA$	0.467	6.19***	2.389	12.78***	0.204	2.40**
$PC \times CROA$	−0.264	−2.32**	−2.157	−10.78***	0.425	2.48**

（续表）

变　量	全样本		国有控股公司		非国有控股公司	
	系数	t 值	系数	t 值	系数	t 值
$NSOE \times PC \times CROA$	0.348	1.90*				
PC	0.019	0.74	0.059	1.94*	0.014	0.35
$NSOE$	−0.007	−0.30				
$Size$	0.278	26.03***	0.257	20.60***	0.304	14.99***
$Growth$	0.072	3.59***	0.052	1.83*	0.053	1.90*
Lev	−0.009	−0.35	−0.026	−0.59	0.028	0.91
$First$	−0.494	−6.62***	−0.543	−6.33***	−0.499	−3.49***
$CEOSH$	1.121	2.90***	2.819	1.53	1.110	2.70***
$Dual$	0.149	4.62***	0.139	3.26***	0.194	4.00***
$Indir$	0.018	0.11	0.003	0.01	0.075	0.27
$PayCom$	0.143	5.20***	0.120	3.57***	0.154	3.33***
$Market$	0.123	21.50***	0.130	18.10***	0.099	10.37***
年度效应	已控制	已控制	已控制	已控制	已控制	已控制
行业效应	已控制	已控制	已控制	已控制	已控制	已控制
$Adj\text{-}R^2$	0.314 6		0.367 3		0.280 9	
F 值	77.76		71.48		25.49	
N	4 851		3 157		1 694	

注:(1)因变量 Lnpay＝总经理报酬的自然对数;CROA＝营业利润/总资产;当总经理具有政治关联时,PC＝1,否则 PC＝0;当公司的最终控制人为非国有产权时,NSOE＝1,否则 NSOE＝0;Size 为总资产的自然对数;Growth 为营业收入增长率;Lev 为资产负债率;First 为第一大股东持股比例;CEOSH 为总经理持股比例;当总经理同时是董事长时,Dual＝1,否则 Dual＝0;Indir 为独立董事比例;当公司设置了薪酬委员会时,PayCom＝1,否则 PayCom＝0;Market 为市场化指数。
(2)*、**、*** 分别表示在10%、5%、1%水平上显著。

　　根据表 4-6,在全样本回归结果中,CROA 的回归系数显著为正,PC×CROA 的回归系数显著为负,NSOE×PC×CROA 的回归系数显著为正;在国有控股公司的回归结果中,CROA 和 PC×CROA 的回归系数分别显著为正和显著为负;而在非国有控股公司的回归结果中,CROA 和 PC×CROA 的回归系数都显著为正。以上结果与表 4-3 中的结果完全一致,说明 2005 年之前总经理薪酬数据的缺失不会影响本章的研究结论。

　　除了上述研究过程之外,我们还作了如下的稳健性检验:(1)不删除薪酬小于 10 000 的样本;(2)对 Growth 大排序,删除 1% 和 99% 分位的样本;

（3）更正我们发现的 CCER 数据库中极少量的最终控制人数据错误[①]；（4）使用 Panal Data 回归中的固定效应和随机效应方法进行回归；（5）考虑到总经理是家族成员时的薪酬激励机制可能与非家族成员的职业经理人不太一样，我们将非国有控股公司样本区分为总经理是家族成员的样本和总经理不是家族成员的样本，分别考察了政治关联对高管薪酬的影响[②]。统计结果表明我们的研究结论不会发生任何变化，出于篇幅的考虑，我们没有报告相关的统计结果。

4.6.2　进一步研究：区分中央政府控制企业和地方政府控制企业

有文献研究表明，由于受到的监管和社会舆论压力不同，中央政府控制的企业和地方政府控制的企业在高管薪酬激励上存在一定的差异（Firth et al.，2006；方军雄，2008），为此，我们将国有控股公司样本分为中央政府控制企业和地方政府控制企业，就政治关联对高管薪酬激励和员工配置效率的影响在这两类企业之间是否有所差异作进一步的探索性研究。

表 4-7 和表 4-8 报告了相关的回归结果。其中表 4-7 为政治关联对薪酬业绩敏感性影响的回归结果，表 4-8 为政治关联对员工配置效率影响的回归结果。

表 4-7　　　　　　　　　回归结果（1999—2008 年）

变　量	中央国有控股公司		地方国有控股公司	
	系　数	t 值	系　数	t 值
截距	6.921	15.80***	5.413	17.41***
$CROA$	2.797	7.81***	0.837	6.56***
$PC \times CROA$	−0.396	−0.43	−0.758	−5.30***
PC	0.113	1.46	0.037	1.23
$Size$	0.199	9.42***	0.279	19.53***
$Growth$	0.024	0.47	0.072	2.66***

---

① 没有补充报告更正数据后的统计结果，除了篇幅方面的考虑之外，还担心我们对公开数据的私自更正可能会影响研究结果的可重复性，并且由于信息来源和阅读信息的准确程度差异，我们也不能保证我们就一定能够提高数据的可靠性，而不会增加新的错误。

② 由于我们能够获得的家族成员高管数据的最早年份为 2002 年，因此此项检验的样本区间为 2002—2008 年。

（续表）

变　量	中央国有控股公司		地方国有控股公司	
	系　数	t 值	系　数	t 值
Lev	0.215	1.69*	−0.067	−1.56
First	−0.362	−2.29**	−0.584	−6.65***
CEOSH	1.440	0.61	3.430	1.19
Dual	0.238	2.59***	0.126	3.07***
Indir	0.554	1.55	0.314	1.55
PayCom	0.099	1.45	0.098	2.69***
Market	0.123	8.62***	0.131	16.93***
年度效应	已控制	已控制	已控制	已控制
行业效应	已控制	已控制	已控制	已控制
Adj. R^2	0.563 2		0.563 3	
F 值	37.71		118.12	
N	912		2 924	

注：(1)因变量 Lnpay＝总经理报酬的自然对数；CROA＝营业利润/总资产；当总经理具有政治关联时，PC＝1，否则 PC＝0；当公司的最终控制人为非国有产权时，NSOE＝1，否则 NSOE＝0；Size 为总资产的自然对数；Growth 为营业收入增长率；Lev 为资产负债率；First 为第一大股东持股比例；CEOSH 为总经理持股比例；当总经理同时是董事长时，Dual＝1，否则 Dual＝0；Indir 为独立董事比例；当公司设置了薪酬委员会时，PayCom＝1，否则 PayCom＝0；Market 为市场化指数。(2)*、**、*** 分别表示在 10%、5%、1% 水平上显著。

表 4-8　　　　　　　　　　　　　回归结果

变　量	ExEmp≤0				ExEmp＞0			
	中央国有控股公司		地方国有控股公司		中央国有控股公司		地方国有控股公司	
	系　数	t 值	系　数	t 值	系　数	t 值	系　数	t 值
截距	−0.007	−5.72***	−0.008	−12.65***	0.009	4.01***	0.014	6.77***
PC	−0.000	−1.32	−0.000	−0.72	−0.001	−1.15	0.001	1.96**
First	0.007	7.58***	0.004	8.13***	−0.004	−2.14**	0.001	0.77
CEOSH	0.073	0.96	−0.007	−0.31	0.037	1.42	0.150	0.98
Dual	−0.000	−0.44	−0.000	−1.40	0.000	0.18	−0.000	−0.48
Indir	0.001	0.61	0.002	1.81*	−0.002	−0.44	−0.006	−1.47
Market	−0.000	−2.45**	−0.000	−2.21**	0.000	1.95*	−0.001	−2.96***
年度效应	已控制	已控制	已控制	已控制	已控制	已控制	已控制	已控制

（续表）

变　量	ExEmp≤0				ExEmp>0			
	中央国有控股公司		地方国有控股公司		中央国有控股公司		地方国有控股公司	
	系　数	t 值	系　数	t 值	系　数	t 值	系　数	t 值
行业效应	已控制	已控制	已控制	已控制	已控制	已控制	已控制	已控制
Adj. R²	0.207 3		0.166 0		0.088 9		0.052 4	
F 值	12.06		28.18		3.95		6.59	
N	1 100		3 687		788		2 631	

注:(1)因变量 ExEmp 由模型(3)分行业分年度回归估计而来,衡量超常员工;Size 为总资产的自然对数;PC=1,当总经理具有政治关联时,否则 PC=0;当公司的最终控制人为非国有产权时,NSOE=1,否则 NSOE=0;First 为第 1 大股东持股比例;CEOSH 为总经理持股比例;当总经理同时是董事长时,Dual=1,否则 Dual=0;Indir 为独立董事比例;Market 为公司所在省市场化指数。(2) * 、* * 、* * * 分别表示在 10%、5%、1%水平上显著。

根据表 4-7,在中央政府控制企业样本回归结果中,PC×CROA 的回归系数符号为负,但不显著异于 0,在地方政府控制的企业样本回归结果中,PC×CROA 的回归系数在 1%水平上显著为负,以上结果表明政治关联对中央控制企业高管的薪酬业绩敏感性没有显著影响,但在地方政府控制企业中,政治关联高管的薪酬业绩敏感性要低于非政治关联高管。根据表 4-8,当 ExEmp≤0 时,无论是中央政府控制企业样本回归结果,还是地方政府控制企业样本回归结果,PC 的回归系数均不显著异于 0;当 ExEmp>0 时,PC 的回归系数在中央政府控制企业样本回归结果中不显著,但在地方政府控制企业样本回归中显著大于 0。这些结果说明在中央政府控制的企业中,高管是否具有政治关联对员工冗余程度没有显著影响,但高管的政治关联会增加地方政府控制企业的员工冗余程度。之所以会出现上述现象,一些可能的解释是:相比地方政府控制的企业,中央企业不太容易受到地方就压力的影响,因而可能会降低中央政府政治关联高管和非政治关联高管薪酬业绩敏感性差异,也使得高管的政治关联对企业员工冗余度的影响在中央政府控制企业中不够明显。

4.7　研究结论及其启示

政治关联是深入理解政府与企业之间的关系及其对经济效率影响的重要视角。政治关联对企业的影响是通过有政治背景的人员发挥作用的,因此,企业对政治关联人员的激励安排,即是政治关联是否以及如何影响企业价值的关键。已有文献已将政治关联作为重要的研究内容,但它们尚未就公司对政治关联高管的激励进行研究,从而无法说明政治关联影响公司价值的深层次原因;同时,已有文献大多集中于政治关联是否能够帮助企业获得政府支持,少有研究发现政治关联损害了公司价值,然而,它们都未能回答政治关联在何种情况下能够提高企业价值、在何种情况下能够降低公司价值的问题。

本章以中国上市公司为样本,研究了高管政治关联对其薪酬激励和公司员工配置效率的影响,以及这种影响在不同类型企业之间的差异。研究结果发现,在地方政府控制的上市公司中,政治关联高管的报酬业绩敏感性低于非政治关联高管,政治关联公司的员工冗余程度更高;在中央政府控制的上市公司中,政治关联高管与非政治关联高管的薪酬业绩敏感性没有显著差异,高管的政治关联对于员工冗余度也没有显著影响。在非国有控股公司中,政治关联高管的报酬业绩敏感性高于非政治关联高管,政治关联公司的员工冗余和员工欠缺程度均较低。研究结果表明,公司聘用政治关联高管的目的不同,决定它们所采用的激励策略也不同,而政治关联对员工配置效率的影响在不同公司中也有显著差异。本章不仅从薪酬激励的角度探讨了政治关联发挥作用的深层次原因,而且还从公司控制权类型的角度研究了高管薪酬激励及其高管政治关联对员工配置效率的影响,从而丰富了产权结构与激励机制设计以及员工配置效率方面的研究。

本章对后续研究的启示在于:(1)研究政治关联对企业价值的影响,不能忽视对政治关联人员激励机制的考察。缺乏对政治关联人员激励的考察,无法明确政治关联是否以及如何对企业价值产生影响。(2)政治关联既可能帮助企业获得更多的资源,也可能招致更多的政府干预。要想更加全面地认识政治关联对企业价值的影响,就不应该只关注政治关联帮助企业获得更多资源的方面,也应该关注政治关联给企业带来的价值损失。(3)产权结构不同的公司,其目标导向存在差异,从而决定其在对政治关联人员的激励上也存在差异,进而政治关联对企业价值的影响途径及其结果方面也存在重大差异,因此,后续研究应当结合企业产权结构,就政治关联对不同企业的影响途径及其经济后果进行多角度的研究。

第 3 篇

政府干预篇

本篇是本书的第二个核心内容,包括第 5～8 章,主要研究政府干预对企业融资行为,投资行为和公司治理的影响。

第 5 章

政府干预与高管激励

5.1 引　　言

国有产权与私有产权的绩效差异长期是理论与经验研究讨论的重要课题(Stigler, 1971; Spiller, 1990; Shleifer and Vishny, 1998; Megginson and Netter, 2001; Djankov and Murrel, 2002; Xu and Wang, 1999; Sun and Tong, 2002; 徐晓东和陈小悦, 2003)。政府干预被认为是国有企业绩效低于民营企业的重要原因。政府干预可以通过密切关联的两种主要渠道对国有企业绩效产生不利影响：一是不利于建立有效的激励机制，造成更为严重的代理问题，损害企业绩效，如导致预算软约束问题(Kornai, 1986)，带来政策性负担，影响业绩信息在激励机制设计中的运用(林毅夫等, 2004; Lin et al., 1998; Lin and Tan, 1998)等；二是同时赋予企业经济、社会和政治等方面的多重任务，造成企业目标之间的相互冲突(Bai et al., 2000, 2006)，或给企业带来严重的政策性负担，损害企业的自生能力(林毅夫等, 2004; Lin et al., 1998; Lin and Tan, 1998)，进而降低企业业绩。

冗员负担是政府干预影响国有企业绩效的最重要的渠道之一。我国是一个人口大国，就业问题一直非常突出，它直接威胁着社会的稳定。因而，解决本地区的就业问题就成为各级政府和官员的重要工作任务，也成为它们的主要考核指标之一。作为政府控制的企业，国有企业成为解决就业问题的理所当然的"主力军"，承担着大量的冗员负担(林毅夫等, 2004)。这种负担会给国有企业带来严重的后果，最直接的后果之一是扭曲国有企业的治理机制。作为市场参与主体的企业，其目标应该是企业价值最大化，并以此为基石构建公司治理机制。但是，对于我国的广大国有企业来说，由于它们替政府承担着大量的冗员负担，从而导致企业价值最大化这一目标被严重异化，呈现出多目标状态(Bai 等, 2000, 2006)。而目标的异化必然会导致公司治理机制的异化，进一步对企业绩效产生负面影响。因此,在我国特定的制度背景下,冗员等政策性负担会直接"塑造"国有企业的治理机制。从而,考察这些负担对国有企业的治理机制的影响就显得尤为必要。

本章以我国上市公司为样本,研究冗员负担对国有企业高管激励的影响问题。之所以选择从高管激励这一角度进行研究,主要原因在于:根据代理理论,高管激励是缓解股东与管理层之间利益冲突的最主要途径之一,因而是最重要的治理机制之一。然而,对于我国的国有企业来说,高管激励的效果极其有限,在职消费等隐性激励盛行(Firth et al.,2006;陈冬华等,2005)。因此,国有企业的高管激励问题既是一个重要的学术问题,也是一个亟待解决的现实问题。我们从冗员负担角度进行研究,将有助于我们从制度层面为国有企业的高管激励机制的异化提供解释。

本章的实证结果显示:在国有企业中,冗员负担显著降低了高管的薪酬与企业业绩之间的敏感性,加剧了薪酬的"粘性"程度。同时,冗员负担越重,高管越倾向于进行在职消费。然而,没有证据表明非国有企业中存在类似问题。上述研究结果表明:政府干预所导致的冗员负担的存在对国有企业的高管激励机制产生了重要影响,具体表现为政府会弱化高管薪酬与企业业绩之间的关联性,同时允许高管进行较多的在职消费,用以弥补高管在现金薪酬方面的损失。上述结论在一定程度上可以为国有企业的高管激励效果不佳、在职消费等隐性激励方式广泛存在等现象提供较合理的解释。

本章的研究贡献体现在如下几个方面:

首先,本章为政府干预影响国有企业的公司治理机制的具体渠道提供了经验证据,丰富了政府干预与国有企业公司治理之间关系领域的文献。政策性负担理论认为,由于信息不对称和激励不相容,政策性负担会加剧管理者的代理问题(林毅夫等,2004;Lin et al.,1998;Lin and Tan,1999),但较少有文献为这一结论提供经验证据。在有限的几篇文献中,Liao 等.(2009)的研究结果表明,在存在政策性负担的情况下,高管因为企业业绩下降而被解聘的可能性会降低。但上述文献都没有涉及政策性负担如何影响高管的薪酬激励机制,而本章对上述文献进行了补充。

其次,本章丰富了产权结构与高管激励之间关系领域的文献。现有文献普遍发现国有企业和非国有企业的高管激励机制存在显著差异(Firth et al.,2006,2007;辛清泉等,2007),却并没有提供直接的证据来检验是什么因素导致了这种差异。本章的研究结果表明,政府干预及其所带来的冗员负担是造成国有企业和非国有企业的激励机制出现差异的重要原因之一,从而丰富了上述领域的文献。

再次,本章丰富了企业员工配置及其所造成经济后果方面的文献。现有员工配置方面的文献普遍发现超额雇员对国有企业的业绩有负面影响(Xu et al.,2005);曾庆生和陈信元(2006)认为劳动力成本的增加是造成这一结果的原因;而薛云奎和白云霞(2008)发现超额雇员降低了对普遍员工和高管平均薪酬,以及高管薪酬与业绩之间的敏感性。本章较为系统地对比研究了冗员负担对国有企业和非国有企业的薪酬—业绩敏感性、薪酬"粘性"以及在职消费的影响,从而对现有文献进行了拓展。

本章后面的内容安排如下:第二部分是制度背景与假说的提出;第三部分是模型与变量;第四部分是研究样本与描述统计;第五部分是实证结果;第六部分是进一步分析;第七部分是稳健性检验;最后是本章的结论。

5.2　制度背景与假说的提出

5.2.1　制度背景:地方政府与国有企业的雇员负担

就业问题一直是我国各级政府面临的重大难题。根据中国人力资源与社会保障部的统计,从 2005—2009 年,全国登记的城镇失业人口每年都在 830 万人以上,失业率都在 4% 以上。从各地区来看,很多地区的失业情况要远比全国的平均情况严重。例如,2002—2004 年辽宁省的失业率连续达到了 6.5%;青海省的失业率在 1997 年达到了 7.4%。考虑到各种因素,实际的失业人口和失业率可能要远大于官方公布的水平。

同时,我国真正意义上的社会保障体系尚未建立。从 20 世纪 80 年代末开始,中央政府开始推动中国的社会保障体系改革,从近 20 年的努力来看,这一改革虽然取得了很大进展,但总体来看,像西方发达国家那样完善的社会保障体系还没有建立,我国的社会保障体系仍然面临着诸多制度层面和实践层面的困难。以养老保险基金为例,目前我国的养老保险基金已经出现支付危机。1997 年全国有 5 个地区出现收不抵支现象,1998 年扩大到 21 个,1999 年又达到 25 个。1998 年养老保险基金支付缺口为 100 多亿元,2002 年扩大到 500 多亿元,预计到 2010 年将达到 1 000 多亿元(崔运政和于安,2005)。再比如,从失业保险来看,截至 2009 年年底,全国参加失业保险的人数为 12 715 万人,而全国登记的就业人数为 77 995 万人,这表明,只有小部分就业人员参加了失业保险。社会保障的不健全显然会影响失业人口的生活甚至是生存问题,这无疑加剧了我国的就业问题。

失业问题会对社会稳定造成极大的负面影响,它不仅会影响到国民经济的效率(Bai et al.,2000),而且会影响到政权的稳定①。例如,厉以宁教授就指出,中国经济的增长速度至少要保持在6%的水平上,否则就业问题就会凸现出来,影响社会稳定。早在1981年,《中共中央、国务院关于广开门路,搞活经济,解决城镇就业问题的若干决定》就郑重指出:"城镇青年就业是国民经济中的一个重大问题,它关系到人民群众的切身利益,关系到国家的安定团结和四化前途"。因此,自建国开始,提高就业率就一直是各级政府的重要任务,因而也是官员考核的一项重要指标,所以各级政府都想方设法提高本地区的就业率。但从我国目前的实践来看,政府要解决就业问题,主要还是依靠国有企业,主要原因在于政府控制着国有企业的股权和管理者的任命权。在必要的时候,政府还会通过行政手段强制要求国有企业承担就业任务②。因此,国有企业往往为政府承担着大量的雇员负担(林毅夫等,2004;Lin et al.,1998)。据统计,它们所雇佣的员工规模占到全国城镇就业人数的40%以上③。

5.2.2 假说的提出

根据代理理论,如果企业以企业价值最大化为经营目标,在设计薪酬激励方案时,应该是让薪酬与企业业绩之间保持高度的敏感性(Jensen and Meckling,1976)。薪酬—业绩敏感性越高,说明高管薪酬水平与企业业绩之间的相关性越高,为了获得更高的报酬,高管会努力工作,提升企业业绩。反之,薪酬—业绩敏感性程度越低,当企业业绩提升时,高管的薪酬不会同比例增加,作为理性经济人,高管努力提升企业业绩的动力会弱化。

对于国有企业来说,当它们承担大量的冗员负担时,它们的目标会由企业价值最大化异化为多目标,其中很重要的一个目标就是通过承担冗员为政府缓解就业压力。在此情况下,政府在设计国有企业的高管激励机制时,如果强化高管薪酬与企业业绩之间的敏感程度,作为理性经济人的高

---

① 资料来源:http://www.gsm.pku.edu.cn/article/1213/7288.html。
② 例如,在2008年全球金融危机期间,北京朝阳区规定国有企业在近期内不得裁员。资料来源:http://news.qq.com/a/20090108/000055.htm。
③ 《中国劳动统计年鉴2005》。

管必然会为了提升自身的薪酬水平而努力提高公司业绩,由于冗员负担会对企业业绩产生负面影响(曾庆生和陈信元,2006),因而会受到高管的抵制(刘慧龙等,2010),这显然不利于政府就业目标的实现。因此,政府会弱化高管薪酬与企业业绩之间的关联性。同时,由于冗员负担的形成在很大程度上并非高管的责任,因此,冗员负担对公司业绩的损害,其责任就不应当归属于高管,这会模糊公司业绩信息与高管的工作能力和努力程度之间的关系,因此也有必要降低高管薪酬与业绩之间的敏感性。

对于非国有企业来说,情况则极为不同。一方面,相对于国有企业来说,非国有企业是市场化主体,它们和政府之间不存在直接的控制与被控制关系,因而政府不可能强制要求它们承担冗员负担;另一方面,非国有企业具有独立的薪酬制定权,政府无权直接进行干预,因此无法对非国有企业的薪酬激励机制施加决定性的影响。因此,我们在前面所推测的结论可能是不适用于非国有企业的。

据此,我们提出如下研究假说:

假说1:在国有企业中,冗员负担越多,高管薪酬业绩敏感性越低;在非国有企业中,冗员负担对高管薪酬业绩敏感性没有显著影响。

此外,由于冗员必然会损害企业业绩,从高管角度来说,当企业业绩下降时,高管有更多的理由将责任转嫁给政府,从而会要求降低其薪酬随着业绩下降而下降的幅度;从政府角度来说,国有企业由于为其承担了冗员负担,而导致业绩下滑,它们也不会将这种原因导致的业绩下滑的责任全部让高管来承担;否则,在下一期博弈中,高管可能会抵制政府让其承担冗员的行为。因此,综合来看,国有企业承担的冗员越多,当企业业绩下滑时,高管的薪酬不会同比例下滑,从而增加高管薪酬的"粘性"程度。和假说1的分析一致,冗员与高管薪酬"粘性"之间的关系在非国有企业中可能是不成立的。

据此,我们提出如下研究假说:

假说2:在国有企业中,冗员负担越多,高管薪酬"粘性"越高;在非国有企业中,冗员负担对高管薪酬粘性没有显著影响。

5.3　检　验　模　型

为了检验冗员负担与国有企业高管的业绩—薪酬敏感性之间的关系,我们对国有公司样本和非国有公司样本分别运行如下的 OLS 回归模型:

$$Pay = \alpha_0 + \alpha_1 ROA + \alpha_2 ROA \times EL + \alpha_3 EL + \alpha_4 Size + \alpha_5 Lev + \alpha_6 Growth + \alpha_7 Top1$$
$$+ \alpha_8 Central + \alpha_9 West + \alpha_{10} COMI + \alpha_{11} Dual + \alpha_{12} Direct + \varepsilon \qquad (1)$$

被解释变量 Pay 为高管薪酬变量。借鉴现有文献(方军雄,2009;辛清泉等,2007;王克敏和王志超,2007)的做法,我们用薪酬最高的前三位董事的平均数的自然对数衡量①。ROA 为企业业绩变量,用营业利润与资产总额之比衡量。如果上市公司的薪酬激励是有效的,我们可以预期该变量的回归系数显著为正。EL 表示冗员负担变量。参照薛云奎和白云霞(2008)的方法,我们首先用全样本对模型 $Y = \alpha + \beta \times Size + \theta \times Capital + \omega \times Growth + \varepsilon$ 进行分年度分行业回归,估计出各变量的系数 α_1、β_1、θ_1、ω_1;然后据此求出各样本公司正常的雇员规模:$Y_1 = \alpha_1 + \beta_1 \times Size + \theta_1 \times Capital + \omega_1 Growth$;最后得出各样本公司的冗员负担:$EL = Y - Y_1$。其中,$Y$ 为雇员规模变量,它等于雇员人数除以年末资产总额乘以 1 000 000;$Size$ 为公司规模变量,它等于年末资产总额的自然对数;$Capital$ 为资本密集度变量,它等于固定资产除以资产总额;$Growth$ 为公司成长性变量,用公司营业收入的增长率衡量。薛云奎和白云霞(2008)发现冗余雇员越多的国有企业高管的年薪也越低,因此,我们预期 EL 在国有公司样本中的回归系数显著为负,而在非国有公司样本中的回归系数不显著。$ROA \times EL$ 为 ROA 与 EL 的交互项,根据理论分析,我们预期 $ROA \times EL$ 在国有公司样本中的回归系数显著为负,而在非国有公司样本中的回归系数不显著。

根据现有文献,在模型中我们还控制了其他一些影响因素。$Size$ 为公司规模变量,它等于年末资产总额的自然对数。公司的规模越大,对高管的经营能力和努力程度提出了更高要求,因而,高管薪酬水平也越高(Smith and Watts,1992;Firth et al.,2006),因此,我们预计 $Size$ 的回归系数显著为正。Lev 为公司财务风险变量,它等于年末负债总额除以资产总额。$Banker$ 和 $Datar$(1989)发现,公司风险既可能与高管薪酬负相关,也可能与高管薪酬正相关,因此,我们无法预计 Lev 回归系数的符号。$Growth$ 为公司成长性变量,用公司营业收入的增长率衡量。$Core$ 等(1999)发现不管是高管的现金补贴还是工资补贴都与营业收入增长显著正相关,因此,我们预期 $Growth$ 的符号为正。$Top1$ 为公司股权结构变量,

①　西方关于高管激励方面的研究一般包括薪酬激励和股权激励,但我国上市公司的股权激励才刚开始起步,涉及面和规模都较小,没有代表性,因此,本章只研究薪酬激励问题。

它等于第一大股东的持股比例。第一大股东持股比例越高,它对公司高管的监督能力越强,从而高管自定薪酬的能力就越弱,股权集中度与高管薪酬负相关(Santerre and Neun, 1986),因此,我们预计该变量的回归系数显著为负。公司的地域特征变量:Central 表示公司注册地位于中部取 1;否则取 0;West 表示公司注册地位于西部取 1,否则取 0[①]。辛清泉等(2007)和方军雄(2009)发现东部地区高管薪酬水平要高于中部和西部地区,因此,我们预计这两变量的回归系数均显著为负。COMI 表示董事会是否设置薪酬与考核委员会,是取 1,否则取 0。方军雄(2009)发现薪酬委员会的设立提高了高管的薪酬水平,因此,我们预计该变量的回归系数显著为正。Dual 表示董事长与总经理二职合一取 1,否则取 0。二职合一公司高管的薪酬显著要高于二职分离的公司(Core et al. ,1999;方军雄,2009),因此,我们预计该变量的回归系数显著为正。Direct 为董事会规模变量,Jensen(1993)认为,董事会的最佳规模应是 8 至 9 人,在达到这个规模之前,董事的增加会提高董事会的效率,但超过这个规模以后,则可能会出现相互推诿等效率低下的现象,因此,我们无法预计该变量的回归系数的符号。此外,模型中还控制了年度和行业因素。

为了检验冗员负担与国有企业高管的薪酬"粘性"程度之间的关系,我们对国有公司样本和非国有公司样本分别运行如下的 OLS 回归模型:

$$Pay = \beta_0 + \beta_1 ROA + \beta_2 D \times ROA + \beta_3 D \times ROA \times EL + \beta_4 D \times EL + \beta_5 ROA \times EL$$
$$+ \beta_6 EL + \beta_7 D + \beta_8 Size + \beta_9 Lev + \beta_{10} Growth + \beta_{11} Top1 + \beta_{12} Central$$
$$+ \beta_{13} West + \beta_{14} COMI + \beta_{15} Dual + \beta_{16} Direct + \tau \qquad (2)$$

与模型(1)相比,模型(2)只是解释变量发生了部分变化。D 为公司业绩是否下滑哑变量,如果公司本期业绩低于上期业绩取 1,否则取 0。D×ROA 为 D 与 ROA 的交互项,如果上市公司的薪酬存在"粘性",我们预计其回归系数显著为负,表示公司业绩下滑时业绩与薪酬之间的敏感性要低于业绩上升时的敏感性。D×ROA×EL 为 D×ROA 与 EL 的交互项,根据理论分析,我们预期 D×ROA×EL 在国有公司样本中的回归系数显著为负,而在非国有公司样本中的回归系数不显著。此外,还加入了 D×EL、ROA×EL、EL 及 D 等变量,控制变量与模型(1)完全一致。

[①]　参考王小鲁、樊纲(2004),本章中东部地区包括京、津、冀、辽、沪、江、浙、闽、鲁、粤、琼 11 省市;中部包括晋、吉、黑、皖、赣、豫、鄂、湘 8 省;西部包括蒙、桂、渝、川、黔、云、藏、陕、甘、青、宁、疆 12 省市区。

5.4 样本与描述统计

本章以我国沪、深市场 1999 年至 2008 年的所有 A 股上市公司为研究样本,按以下标准对样本进行处理:(1)由于金融类上市公司会计制度等方面的特殊性,对其进行了剔除;(2)剔除雇员人数、最终控制人性质、高管薪酬、财务数据以及其他相关数据缺失的公司;(3)为消除极端值的影响,对所有控制变量进行 winsorize 处理,小于 1% 分位数和大于 99% 分位数的变量,令其值分别等于 1% 分位数和 99% 分位数;(4)剔除观测值个数小于 10 的行业。经过上述处理,最后共获得 8 269 个公司的年样本,其中国有公司有 5 802 个样本,占总样本的 70.17%,另外非国有公司有 2 467 个样本,占总样本的 29.83%。公司雇员规模会受到所处行业的影响,因此本章按照证监会 2001 颁布的分类标准对行业进行划分,所有行业以一级为准。由于传播与文化产业的观测值个数小于 10,对其进行了剔除,共得到 11 类行业,其中制造业占全样本的 59.52%。表 5-1 列示的是研究样本的年度和行业分布情况。本章的在职消费数据来自上市公司的年度报告,其余数据来自 CSMAR 数据库和 CCER 数据库。

表 5-2 报告了变量的描述统计。其中第 1 部分报告了全样本的统计情况。从全样本来看,高管薪酬(Pay)的均值和中位数分别为 11.771 5 和 11.790 6,还原成原始的薪酬额分别为 12.95 万元和 13.20 万元,总体来说中国上市公司的高管薪酬处于较低的水平;而最小值和最大值则分别为 1.845 8 和 15.655 5,说明中国上市公司的高管薪酬存在较大差异。资产收益率(ROA)的均值和中位数分别为 0.016 8 和 0.026 9,表明样本公司的业绩普遍处于一个较好的状态,而最小值和最大值则分别为 0.907 1 和 −2.940 2,说明中国上市公司的盈利能力存在较大差异。冗员负担(EL)的均值为 0,符合实际情况,因为该变量是根据回归模型估计出来的。它的最小值和最大值分别为 −4.041 8 和 18.398 9,说明中国上市公司在冗员负担方面存在较大差异。公司业绩是否下滑(D)的均值为 0.547 1,表明有54.71% 的样本公司在样本期间内的业绩出现了不同程度的下滑。公司规模($SIZE$)的均值为 21.291 8;财务杠杆(LEV)的最小值为 0.080 9,而最大值为 2.616 8,说明中国上市公司在财务杠杆方面存在较大的差异;成长性($Growth$)的最小值为 −0.777 9,而最大值为 3.774 5,说明中国上市公司的增长速度存在较大差异;第一大股东持股比例($Top1$)的最小值为 0.099 9,

表 5-1　样本的年度和行业分布

Panel A 年度分布

	1999	2000	2001	2002	2003	2004	2005	2006	2007	2008	合计	比重
国有公司	24	40	546	648	701	736	802	763	754	788	5 802	70.17%
非国有公司	6	9	130	191	238	300	327	394	420	452	2 467	29.83%
合计	30	49	676	839	939	1 036	1 129	1 157	1 174	1 240	8 269	100%

Panel B 行业分布

	农林牧渔	采掘业	制造业	公用事业	建筑业	交通运输仓储业	信息技术	批发和零售贸易	房地产	社会服务	综合类	合计
样本量	207	116	4 922	338	151	317	475	614	356	273	500	8 269
比重	2.50%	1.40%	59.52%	4.09%	1.83%	3.83%	5.74%	7.43%	4.31%	3.30%	6.05%	100%

而最大值为 0.758 4,说明中国上市公司的第一大股东持股比例具有较大差异;中国上市公司的市净率(MB)的差异也很大,最小值为 0.520 3,而最大值则为 28.945 3。是否大规模在职消费(Perk)的均值为 0.444 3,表明有 44.43%的公司高管进行了大规模的在职消费。Central 的均值为 0.190 5,表明有 19.05%的公司注册地位于中部;West 的均值为 0.192 8,表明有 19.28%的公司注册地位于西部;COMI 的均值为 0.575 0,表明有 57.5%的公司的董事会设置了薪酬与考核委员会;Dual 的均值为 0.991 6,表明有 99.16%的公司的董事长与总经理并不兼任;董事会规模(Direct)的最小值和最大值分别为 1 和 19,说明中国上市公司在董事会规模方面存在较大差异。

　　表 5-2 的第 2 部分和第 3 部分分别报告了国有公司和非国有公司的描述统计,第 4 部分则对国有公司和非国有公司的特征差异进行了检验。国有公司高管薪酬(Pay)的平均值和中位数分别为 11.732 9 和 11.762 3,而非国有公司高管薪酬的平均值和中位数分别为 11.862 3 和 11.882 9,检验结果表明,非国有公司高管薪酬的平均值和中位数都显著高于国有公司,这表明非国有公司的高管薪酬水平高于国有公司。国有公司资产收益率(ROA)的平均值为 0.022 4,而非国有公司资产收益率的平均值为 0.004 8,检验结果表明,国有公司的盈利能力可能高于非国有公司。国有公司冗员负担(EL)的平均值和中位数分别为 0.023 5 和 −0.160 7,而非国有公司冗员负担(EL)的平均值和中位数分别为 −0.055 4 和 −0.287 8,检验结果表明,国有公司冗员负担的平均值和中位数都显著高于国有公司,这表明国有公司的冗员负担高于非国有公司。另外,非国有公司的财务杠杆(LEV)、投资机会(MB)都显著高于国有公司;而国有公司的公司规模(SIZE)、第一大股东持股比例(Top1)和董事会规模(Direct)都显著高于非国有公司;国有公司的注册地位于中部(Central)和董事长与总经理分离(Dual)的概率都显著高于非国有公司。

表 5-2　　　　　　　　　　　　描述统计

	平均值	标准差	中位数	最小值	最大值
(1) 全样本($N=8\ 269$)					
Pay	11.771 5	0.959 4	11.790 6	1.845 8	15.655 5
ROA	0.016 8	0.129 8	0.026 9	−2.940 2	0.907 1
EL	0.000 0	1.305 4	−0.192 6	−4.041 8	18.398 9
D	0.547 1	0.497 8	1.000 0	0.000 0	1.000 0

（续表）

	平均值	标准差	中位数	最小值	最大值
Size	21.291 8	1.006 5	21.213 5	18.872 8	24.177 4
LEV	0.536 1	0.297 4	0.516 3	0.080 9	2.616 8
Growth	0.222 7	0.568 0	0.143 6	−0.777 9	3.774 5
*Top*1	0.395 2	0.165 1	0.373 3	0.099 9	0.758 4
MB	3.413 1	3.983 6	2.345 8	0.520 3	28.945 3
Perk	0.444 3	0.496 9	0.000 0	0.000 0	1.000 0
Central	0.190 5	0.392 7	0.000 0	0.000 0	1.000 0
West	0.192 8	0.394 5	0.000 0	0.000 0	1.000 0
COMI	0.575 0	0.494 4	1.000 0	0.000 0	1.000 0
Dual	0.991 6	0.091 6	1.000 0	0.000 0	1.000 0
Direct	6.679 8	1.975 3	6.000 0	1.000 0	19.000 0
(2) 国有公司($N=5\ 802$)					
Pay	11.732 9	0.967 7	11.762 3	1.845 8	15.505 6
ROA	0.022 4	0.102 6	0.026 4	−2.940 2	0.907 1
EL	0.023 5	1.270 1	−0.160 7	−4.041 8	18.398 9
D	0.545 3	0.498 0	1.000 0	0.000 0	1.000 0
Size	21.444 8	0.997 7	21.365 7	18.872 8	24.177 4
LEV	0.515 4	0.249 2	0.509 3	0.080 9	2.616 8
Growth	0.211 6	0.496 2	0.146 8	−0.777 9	3.774 5
*Top*1	0.427 9	0.165 4	0.419 2	0.099 9	0.758 4
MB	3.234 3	3.479 4	2.289 2	0.520 3	28.945 3
Perk	0.450 0	0.497 5	0.000 0	0.000 0	1.000 0
Central	0.205 6	0.404 2	0.000 0	0.000 0	1.000 0
West	0.191 5	0.393 5	0.000 0	0.000 0	1.000 0
COMI	0.572 6	0.494 8	1.000 0	0.000 0	1.000 0
Dual	0.993 1	0.082 8	1.000 0	0.000 0	1.000 0
Direct	6.910 0	2.025 6	6.000 0	1.000 0	19.000 0
(3) 非国有公司($N=2\ 467$)					
Pay	11.862 3	0.929 2	11.882 9	8.804 9	15.655 5
ROA	0.004 8	0.168 5	0.027 4	−2.670 2	0.660 4
EL	−0.055 4	1.385 3	−0.287 8	−3.167 7	14.455 4
D	0.550 9	0.497 5	1.000 0	0.000 0	1.000 0
Size	20.934 6	0.928 9	20.921 1	18.872 8	24.177 4

（续表）

	平均值	标准差	中位数	最小值	最大值
LEV	0.582 4	0.377 3	0.534 6	0.080 9	2.616 8
Growth	0.250 2	0.708 3	0.134 3	−0.777 9	3.774 5
*Top*1	0.319 3	0.136 8	0.289 7	0.099 9	0.758 4
MB	3.804 1	4.887 1	2.488 0	0.520 3	28.945 3
Perk	0.431 6	0.495 4	0.000 0	0.000 0	1.000 0
Central	0.154 8	0.361 8	0.000 0	0.000 0	1.000 0
West	0.196 6	0.397 5	0.000 0	0.000 0	1.000 0
COMI	0.580 1	0.493 7	1.000 0	0.000 0	1.000 0
Dual	0.987 8	0.109 6	1.000 0	0.000 0	1.000 0
Direct	6.136 6	1.735 4	6.000 0	1.000 0	16.000 0

（4）非国有公司—国有公司

	平均值之差	*t* 值（卡方值）	中位数之差	*Z* 值
Pay	0.129 4	5.63***	0.120 6	5.02***
ROA	−0.018 0	−5.83***	0.001 0	−1.05
EL	−0.079 0	−2.51**	−0.127 2	−5.58***
Size	−0.510 0	−21.71***	−0.444 5	−20.12***
LEV	0.067 0	9.50***	0.025 4	5.86***
Growth	0.038 5	2.82***	−0.012 4	−2.12**
*Top*1	−0.109 0	−28.70***	−0.129 5	−27.95***
MB	0.569 7	5.83***	0.198 8	4.25***
Direct	−0.773 0	−16.56***	0.000 0	−16.74***
Perk	−1.840 0	2.28		
D	0.005 6	0.21		
Central	−5.080 0	28.94***		
West	0.510 0	0.29		
COMI	0.750 0	0.39		
Dual	−0.530 0	5.72**		

注：*Pay*＝ln（薪酬最高的前三位董事/3）；*ROA*＝年末营业利润/年末资产总额；*EL* 表示冗员负担，用实际雇员规模减去期望雇员规模得到；*D* 表示公司业绩下降时取 1，否则取 0；*Size*＝ln（年末资产总额）；*LEV*＝年末负债总额/年末资产总额；*Growth*＝（当年营业收入－上年营业收入）/上年营业收入；*Top*1 表示第一大股东持股比例；*MB*＝（流通股股数×每股价格＋非流通股股数×每股净资产＋负债账面价值）/资产总额；*Size*＝ln（年末资产总额）；*LEV*＝年末负债总额/年末资产总额；*Central* 表示公司注册地位于中部取 1，否则取 0；*West* 表示公司注册地位于西部取 1，否则取 0；*COMI* 表示董事会设置薪酬与考核委员会取 1，否则取 0；*Dual* 表示董事长兼任总经理时取 0，否则取 1；*Direct* 表示董事会人数；平均值之差的检验方法为 t 检验，中位数之差的检验方法为符号秩和检验。＊、＊＊、＊＊＊分别表示在 10%、5%、1%水平上显著。

表 5-3 报告了变量之间的相关系数。ROA 与 Pay 显著正相关,表明公司业绩越好,高管薪酬越高,这表明薪酬激励政策是有效的。EL 与 Pay 显著负相关,表明冗员负担越大,高管薪酬越低。D 与 Pay 显著负相关,表明业绩下滑会对高管薪酬产生负面影响,进一步验证了薪酬政策的有效性。其他变量之间的相关性也非常合理,比如,$Size$ 与 ROA 显著正相关,表明规模越大的公司,其盈利能力越好;$Growth$ 与 ROA 显著正相关,表明成长性高的公司,其盈利能力也越好;LEV 与 ROA 显著负相关,表明财务杠杆高的公司,其盈利能力越差。结果还显示,其他自变量之间不存在显著的高度相关关系。

表 5-3 Pearson(Spearman)相关系数表

	Pay	ROA	EL	D	$Size$	LEV	$Growth$
Pay		0.293 9 ***	0.035 1 ***	−0.050 1 ***	0.397 9 ***	0.012 3	0.117 8 ***
ROA	0.207 8 ***		0.019 5 *	−0.219 2 ***	0.263 7 ***	−0.356 3 ***	0.373 0 ***
EL	−0.045 3 ***	−0.080 4 ***		−0.005 0	0.120 2 ***	0.067 7 ***	0.019 3
D	−0.050 1 ***	−0.219 2 ***	−0.005 0		0.011 4	0.036 4 ***	−0.273 0 ***
$Size$	0.404 9 ***	0.254 4 ***	0.000 0	0.012 7		0.119 9 ***	0.179 8 ***
LEV	−0.061 1 ***	−0.522 3 ***	0.101 7 ***	0.024 4 **	−0.092 5 ***		0.017 7
$Growth$	0.053 0 ***	0.197 6 ***	0.000 0	−0.221 3 ***	0.081 0 ***	−0.002 0	
$Top1$	−0.107 3 ***	0.132 9 ***	0.044 9 ***	−0.002 4	0.206 2 ***	−0.148 7 ***	0.061 5 ***
$Central$	−0.098 2 ***	0.000 2	0.021 1 **	0.002 0	−0.022 4 **	−0.019 3 *	0.012 7
$West$	−0.153 5 ***	−0.036 5 ***	0.042 9 ***	0.003 0	−0.154 5 ***	0.028 7 ***	−0.007 1
$COMI$	0.295 8 ***	0.056 5 ***	−0.018 6 *	−0.024 4 **	0.144 6 ***	−0.002 1	0.008 4
$Dual$	−0.013 6	0.022 9 **	−0.009 8	0.011 4	0.000 1	−0.006 5	0.011 1
$Direct$	−0.065 7 ***	0.027 1 **	0.027 6 **	0.050 7 ***	0.113 5 ***	−0.055 4 ***	−0.013 7

	$Top1$	$Central$	$West$	$COMI$	$Dual$	$Direct$
Pay	−0.099 1 ***	−0.100 0 ***	−0.163 2 ***	0.294 0 ***	−0.017 1	−0.041 1 ***
ROA	0.167 6 ***	0.013 0	−0.058 3 ***	0.076 3 ***	0.027 8 **	0.022 2 **
EL	0.061 3 ***	0.018 7 *	0.038 1 ***	0.023 1 **	−0.011 2	0.036 7 ***
D	0.000 1	0.002 0	0.003 0	−0.024 4 **	0.011 4	0.042 0 ***
$Size$	0.188 4 ***	−0.022 6 **	−0.162 3 ***	0.134 1 ***	0.003 8	0.111 0 ***
LEV	−0.134 3 ***	−0.022 2 **	0.024 5 **	0.031 6 ***	−0.010 8	−0.020 6 *
$Growth$	0.090 7 ***	0.033 7 ***	−0.005 0	0.035 7 ***	0.020 5 *	0.025 5 **
$Top1$		0.015 4	−0.021 8 **	−0.094 4 ***	0.028 5 ***	0.056 2 ***

（续表）

	Top1	Central	West	COMI	Dual	Direct
Central	0.012 2		−0.237 0 ***	−0.006 1	0.001 1	0.019 0*
West	−0.021 8**	−0.237 0 ***		0.026 8 ***	0.011 7	0.031 4 ***
COMI	−0.101 9 ***	−0.006 1	0.026 8**		0.003 3	−0.129 3 ***
Dual	0.029 4 ***	0.001 1	0.011 7	0.003 3		0.027 7 **
Direct	0.071 9 ***	0.012 6	0.038 3 ***	−0.151 1***	0.023 8 **	

注：$Pay=\ln$（薪酬最高的前三位董事/3）；$ROA=$ 年末营业利润/年末资产总额；EL 表示冗员负担，用实际雇员规模减去期望雇员规模得到；D 表示公司业绩下降时取 1，否则取 0；$Size=\ln$（年末资产总额）；$LEV=$ 年末负债总额/年末资产总额；$Growth=$（当年营业收入－上年营业收入）/上年营业收入；$Top1$ 表示第一大股东持股比例；$Central$ 表示公司注册地位于中部取 1，否则取 0；$West$ 表示公司注册地位于西部取 1，否则取 0；$COMI$ 表示董事会设置薪酬与考核委员会取 1，否则取 0；$Dual$ 表示董事长兼任总经理时取 0，否则取 1；$Direct$ 表示董事会人数。表格左下角为 $Pearson$ 相关系数；右上角为 $Spearman$ 相关系数；*、**、*** 分别表示在 10%、5%、1%水平上显著。

5.5 回 归 结 果

表 5-4 报告了模型（1）的回归结果，被解释变量均是高管薪酬（PAY）。用国有公司样本进行的回归结果显示，ROA 的回归系数显著为正，表明公司业绩越好，高管薪酬越高；$ROA×EL$ 的回归系数显著为负，表明冗员负担显著降低了高管薪酬与公司业绩之间的正相关性；EL 的回归系数显著为负，表明冗员负担越大，高管薪酬越低。非国有公司的回归结果表明，ROA 的回归系数显著为正，表明公司业绩越好，高管薪酬也越高；$ROA×EL$ 的回归系数为负但不显著，没有证据显示非国有公司中冗员负担会对高管的"业绩—薪酬"敏感性产生显著影响；EL 的回归系数为负但不显著。上述结果和理论分析一致，表明冗员负担确实降低了国有公司的"业绩—薪酬"敏感性。从控制变量的回归结果来看，$Size$，$COMI$ 和 $Direct$ 的回归系数显著为正，$Top1$，$Central$ 和 $West$ 的回归系数显著为负，均与预期的结果相符。

表 5-4   回归结果

	国有公司				非国有公司			
	(1)		(2)		(3)		(4)	
	估计系数	t 值	估计系数	t 值	估计系数	t 值	估计系数	t 值
截距项	4.908 5	15.47 ***	4.927 3	15.55 ***	2.187 9	4.47 ***	2.203 1	4.49 ***
ROA	1.457 5	11.68 ***	1.620 7	12.36 ***	0.356 8	3.22 ***	0.386 1	3.31 ***
ROA×EL			−0.172 9	−4.34 ***			−0.018 0	−0.79

（续表）

	国有公司				非国有公司			
	(1)		(2)		(3)		(4)	
	估计系数	t 值	估计系数	t 值	估计系数	t 值	估计系数	t 值
EL			−0.026 6	−3.24 ***			−0.000 4	−0.03
Size	0.287 9	24.00 ***	0.286 7	23.95 ***	0.405 8	23.28 ***	0.405 5	23.25 ***
LEV	−0.007 0	−0.14	0.009 1	0.18	−0.084 7	−1.76 *	−0.084 2	−1.74 *
Growth	−0.008 1	−0.38	−0.014 9	−0.69	0.024 0	1.10	0.023 2	1.06
Top1	−0.574 5	−8.42 ***	−0.573 3	−8.41 ***	−0.515 0	−4.56 ***	−0.517 5	−4.57 ***
Central	−0.244 4	−9.11 ***	−0.237 5	−8.85 ***	−0.203 4	−4.69 ***	−0.204 5	−4.71 ***
West	−0.273 7	−9.75 ***	−0.265 0	−9.43 ***	−0.297 5	−7.56 ***	−0.296 5	−7.52 ***
COMI	0.223 8	8.88 ***	0.222 9	8.85 ***	0.084 2	2.30 **	0.084 4	2.30 **
Dual	−0.129 9	−1.04	−0.139 2	−1.12	−0.186 8	−1.36	−0.188 8	−1.37
Direct	0.013 0	2.24 **	0.014 5	2.49 **	0.041 6	4.42 ***	0.041 6	4.43 ***
年度效应	已控制		已控制		已控制		已控制	
行业效应	已控制		已控制		已控制		已控制	
调整 R^2	0.350 6		0.353 3		0.367 4		0.367 1	
F 值	109 ***		103.23 ***		50.39 ***		47.13 ***	
样本量	5 802		5 802		2 467		2 467	

注：被解释变量为 Pay；Pay = ln(薪酬最高的前三位董事 /3)；ROA = 年末营业利润 / 年末资产总额；EL 表示冗员负担，用实际雇员规模减去期望雇员规模得到；Size = ln(年末资产总额)；LEV = 年末负债总额 / 年末资产总额；Growth =（当年营业收入−上年营业收入）/ 上年营业收入；Top1 表示第一大股东持股比例；Central 表示公司注册地位于中部取 1，否则取 0；West 表示公司注册地位于西部取 1，否则取 0；COMI 表示董事会设置薪酬与考核委员会取 1，否则取 0；Dual 表示董事长兼任总经理时取 0，否则取 1；Direct 表示董事会人数。*、**、*** 分别表示在 10%、5%、1% 水平上显著。

表 5-5 报告了模型（2）的回归结果。回归结果显示，在国有公司样本中，ROA 以及 ROA×EL 的回归系数均显著为正；D×ROA 的回归系数显著为负，表明国有公司高管的薪酬确实存在"粘性"，公司业绩下滑时业绩与薪酬之间的敏感性要低于业绩上升时的敏感性；D×ROA×EL 的回归系数显著为负，表明国有公司的冗员负担加剧了高管薪酬的"粘性"程度，弱化了薪酬激励效果。非国有公司的回归结果表明，ROA 的回归系数仍显著为正，D×ROA 的回归系数显著为负，表明非国有公司高管的薪酬也存在"粘性"，但是 D×ROA×EL 的回归系数不显著，ROA×EL 的回归系数也不显著。以上结果和理论分析一致，表明冗员负担确实加剧了国有公司

高管薪酬的"粘性"程度。另外,对于控制变量,$Size$,$COMI$ 和 $Direct$ 的回归系数仍显著为正,$Top1$,$Central$ 和 $West$ 的回归系数仍显著为负。

表 5-5   回归结果

	国有公司				非国有公司			
	(1)		(2)		(3)		(4)	
	估计系数	t 值	估计系数	t 值	估计系数	t 值	估计系数	t 值
截距项	4.902 5	15.46***	4.976 9	15.70***	2.225 4	4.55***	2.237 7	4.57***
ROA	2.373 2	9.65***	2.397 1	9.75***	1.121 2	4.32***	1.138 5	4.36***
$D \times ROA$	−1.099 6	−4.29***	−0.861 4	−3.30***	−0.903 8	−3.44***	−0.916 9	−3.43***
$D \times ROA \times EL$			−0.455 2	−3.29***			0.164 2	1.15
$D \times EL$			−0.025 4	−1.52			−0.025 3	−1.06
$ROA \times EL$			0.243 2	1.86*			−0.173 2	−1.23
EL			−0.016 9	−1.35			0.015 3	0.84
D	0.053 6	2.22**	0.049 0	2.02**	−0.017 1	−0.51	−0.019 2	−0.56
$Size$	0.285 3	23.69***	0.281 4	23.36***	0.405 2	23.20***	0.404 5	23.14***
LEV	0.005 8	0.12	0.038 9	0.78	−0.078 4	−1.61	−0.080 3	−1.64
$Growth$	−0.010 9	−0.50	−0.017 0	−0.78	0.016 0	0.72	0.014 8	0.66
$Top1$	−0.584 0	−8.57***	−0.580 6	−8.53***	−0.525 2	−4.66***	−0.523 0	−4.62***
$Central$	−0.244 6	−9.12***	−0.240 8	−8.99***	−0.206 0	−4.76***	−0.205 6	−4.74***
$West$	−0.274 2	−9.78***	−0.265 8	−9.47***	−0.296 5	−7.54***	−0.297 9	−7.57***
$COMI$	0.222 3	8.83***	0.221 6	8.82***	0.088 5	2.42**	0.088 3	2.41**
$Dual$	−0.125 1	−1.01	−0.138 5	−1.12	−0.231 9	−1.67*	−0.233 8	−1.69*
$Direct$	0.012 5	2.15**	0.013 9	2.39**	0.041 3	4.41***	0.041 1	4.38***
年度效应	已控制		已控制		已控制		已控制	
行业效应	已控制		已控制		已控制		已控制	
调整 R^2	0.352 5		0.355 9		0.370 6		0.370 1	
F 值	102.87***		92.59***		47.83***		42.39***	
样本量	5 802		5 802		2 467		2 467	

注:被解释变量为 Pay;$Pay=\ln$(薪酬最高的前三位董事/3);ROA=年末营业利润/年末资产总额;EL 表示冗员负担,用实际雇员规模减去期望雇员规模得到;D 表示公司业绩下降时取 1,否则取 0;$Size=\ln$(年末资产总额);LEV=年末负债总额/年末资产总额;$Growth=$(当年营业收入—上一年营业收入)/上年营业收入;$Top1$ 表示第一大股东持股比例;$Central$ 表示公司注册地位于中部取 1,否则取 0;$West$ 表示公司注册地位于西部取 1,否则取 0;$COMI$ 表示董事会设置薪酬与考核委员会取 1,否则取 0;$Dual$ 表示董事长兼任总经理时取 0,否则取 1;$Direct$ 表示董事会人数。*、**、*** 分别表示在 10%、5%、1% 水平上显著。

5.6　进一步分析

从国有企业高管的角度来看，企业在为政府承担冗员负担的同时，却无法获得足够的薪酬补偿，对高管来说，这显然是一种损失。作为理性的"经济人"，他们必然会寻求替代的激励方式，而进行在职消费就是最普遍的一种做法（陈冬华等，2005）。从政府角度来看，为了获得高管的配合，让国有企业长期承担冗员负担，必然会弥补高管在薪酬方面的损失，也愿意让高管进行较多的在职消费。因此，我们可以预期，国有企业承担的冗员越多，高管的在职消费规模越大。

为了检验冗员负担与国有企业高管的在职消费之间的上述关系，我们对全样本、国有公司样本和非国有公司样本分别运行如下的 LOGISTIC 回归模型：

$$Perk = \gamma_0 + \gamma_1 EL + \gamma_2 Ownership + \gamma_3 EL \times Ownership + \gamma_4 Pay + \gamma_5 MB$$
$$+ \gamma_6 Size + \gamma_7 Lev + \gamma_8 Growth + \gamma_9 Top1 + \gamma_{10} Central + \gamma_{11} West$$
$$+ \gamma_{12} COMI + \gamma_{13} Dual + \gamma_{14} Direct + \varepsilon \tag{3}$$

被解释变量 $Perk$ 为企业高管是否进行大规模的在职消费哑变量，如果公司发生大规模在职消费，则取 1，否则取 0。陈冬华等（2005）、卢锐等（2008）都用公司年报附注里"支付的其他与经营活动有关的现金"项目中的"办公费、差旅费、业务招待费、通讯费、出国培训费、董事会费、小车费和会议费"等 8 项费用来衡量高管的在职消费水平。考虑到有许多公司的上述八项合计数为 0，根据本章的样本特征，我们对大规模在职消费进行如下界定：如果上述八项费用的合计数大于 0，则表示公司发生大规模的在职消费。EL 表示冗员负担变量。根据理论分析，我们预期 EL 在国有公司样本中的回归系数显著为正，而在非国有公司样本中的回归系数不显著。$Ownership$ 表示公司实际控制人类别，如果实际控制人为国有公司则取 1，否则取 0。$EL \times Ownership$ 为 EL 与 $Ownership$ 的交互项，根据理论分析，我们预期 $EL \times Ownership$ 在全样本中的回归系数显著为正。Pay 为高管薪酬变量，用薪酬最高的前三位董事的平均数的自然对数衡量。MB 表示公司的市净率，用年末公司市场价值除以账面价值衡量。另外，其余控制变量的定义与模型（1）和模型（2）中控制变量的定义完全一致。

表 5-6 报告了模型（3）的回归结果，被解释变量为在职消费（$Perk$）。

表 5-6

LOGISTIC 回归结果

	(1) 全样本		(2) 国有公司		(3) 非国有公司	
	估计系数	Wald	估计系数	Wald	估计系数	Wald
截距项	1.424 3	4.203 7**	1.948 6	4.829 0***	1.081 0	0.786 2
EL	-0.001 2	0.008 4	0.046 8	3.891 6**	-0.002 6	0.039 7
$Ownership$	0.129 2	5.250 0**				
$EL \times Ownership$	0.045 7	2.921 8*				
Pay	0.019 7	0.419 1	0.022 7	0.394 9	0.034 2	0.352 2
MB	-0.001 8	2.321 2	-0.007 5	3.438 5*	-0.000 7	0.430 5
$Size$	-0.160 3	32.206 6***	-0.166 7	23.598 1***	-0.169 3	10.032 5***
LEV	-0.347 2	15.137 1***	-0.439 5	11.603 8***	-0.223 8	3.070 1*
$Growth$	-0.034 7	0.719 2	-0.038 0	0.441 8	-0.020 9	0.123 6
$Top1$	0.183 0	1.248 2	0.310 1	2.553 8	-0.055 5	0.029 6
$Central$	0.532 1	71.778 2***	0.526 4	50.484 0***	0.524 7	18.506 1***
$West$	0.397 9	38.868 1***	0.422 6	28.936 1***	0.357 7	10.048 5***
$COMI$	-0.003 2	0.003 2	-0.033 9	0.248 1	0.068 5	0.433 4
$Dual$	0.706 9	6.114 2**	0.405 1	1.078 9	1.055 4	5.847 2**
$Direct$	0.027 7	3.566 0*	0.028 2	2.556 8	0.033 0	1.456 9
年度效应	已控制		已控制		已控制	
行业效应	已控制		已控制		已控制	
R-Square	0.053 3		0.061 4		0.049 6	
Chi-Square	421.296 4***		334.438 2***		122.720 1***	
样本量	7 687		5 275		2 412	

注：被解释变量为 $Perk$；$Perk$ 表示公司发生大规模在职消费取 1，否则取 0；EL 表示冗员负担，用实际雇佣员工规模减去期望雇佣员工规模得到；$Ownership$ 表示公司实际控制人类别，如果实际控制人为国有公司取 1，否则取 0；$Pay=\ln$（薪酬最高的前三位董事/3）；$MB=$（流通股股数×每股股价＋非流通股股数×每股净资产＋负债账面价值）/资产总额；$Size=\ln$（年末资产总额）；$LEV=$年末负债总额/资产总额；$Growth=$（当年营业收入－上年营业收入）/上年营业收入；$Top1$ 表示第一大股东持股比例；$Central$ 表示公司注册地位于中部取 1，否则取 0；$West$ 表示公司注册地位于西部取 1，否则取 0；$COMI$ 表示董事会设置薪酬与考核委员会取 1，否则取 0；$Dual$ 表示董事长兼任总经理时取 1，否则取 0；$Direct$ 表示董事会人数。*、**、*** 分别表示在 10%、5%、1%水平上显著。

全样本的回归结果显示,$EL \times Ownership$ 的回归系数显著为正,表明相对于非国有公司来说,随着冗员负担的增加,国有公司高管发生大规模在职消费的概率越大。我们进一步分为国有公司样本和非国有公司样本进行了回归分析。对国有公司样本进行的回归结果显示,EL 的回归系数显著为正,表明冗员负担越大,高管进行大规模在职消费的概率越大。对非国有公司样本进行的回归结果中,EL 的回归系数为负但不显著。以上结果和理论分析一致。

5.7　稳健性检验

为检验上述研究结论的可靠性,我们从如下几个角度进行了稳健性检验:

1) 本章采用资产净利率指标(净利润/总资产)作为业绩变量重新对模型(1)和模型(2)进行了回归。表 5-7 的 $Panel\ A$ 报告了回归结果。国有公司的回归结果表明,$ROA2 \times EL$ 的回归系数显著为负,非国有公司的回归结果表明,$ROA2 \times EL$ 的回归系数不显著,与表 5-4 的回归结果一致。

2) 本章用"薪酬最高的前三位高级管理人员的平均薪酬的自然对数"来衡量高管薪酬,重新对模型(1)和模型(2)进行了回归。表 5-7 的 $Panel\ B$ 报告了回归结果。国有公司的回归结果表明,$D \times ROA \times EL$ 的回归系数显著为负,非国有公司的回归结果表明,$D \times ROA \times EL$ 的回归系数不显著,与表 5-5 的回归结果一致。

3) 本章根据曾庆生和陈信元(2006)的方法重新衡量冗员负担,用全样本对 $Y = \alpha + \beta \times Size + \theta \times Capital + \omega \times Growth + \sum \gamma \times industry + \sum \lambda \times year + \varepsilon$ 进行回归,估计出各变量的系数 α_1,β_1,θ_1,ω_1,γ_1,λ_1;然后据此求出各样本公司正常的雇员规模:$Y_1 = \alpha_1 + \beta_1 \times Size + \theta_1 \times Capital + \omega_1 Growth + \sum \gamma \times industry + \sum \lambda \times year$;最后得出各样本公司的冗员负担:$EL = Y - Y_1$。采用上述方法得到的冗员负担重新对模型(1)、模型(2)和模型(3)进行了回归。表 5-7 的 $Panel\ C$ 和表 5-10 报告了回归结果。全样本的回归结果表明,$EL \times Ownership$ 的回归系数显著为正,国有公司的回归结果表明,EL 的回归系数显著为正,非国有公司的回归结果表明,EL 的回归系数不显著,与表 5-6 的回归结果一致。

表5-7　稳健性检验

	国有公司				非国有公司			
	(1)		(2)		(3)		(4)	
	估计系数	t值	估计系数	t值	估计系数	t值	估计系数	t值
Panel A 用总资产净利率衡量业绩								
ROA2	0.430 5	3.19***	8.783 3	9.14***	1.059 5	2.53**	1.479 5	2.39**
ROA2×EL	-0.377 0	-3.04***	6.061 6	6.57***	0.017 1	0.09	-0.121 4	-0.25
EL	-0.069 8	-8.37***	-0.072 0	-4.62***	0.000 8	0.07	0.007 4	0.43
D×ROA2			-2.248 6	-2.07**			-0.918 2	-1.08
D×ROA2×EL			-6.760 1	-7.10***			0.137 2	0.26
D×EL			0.033 6	1.77*			-0.011 7	-0.50
D			0.036 7	1.52			-0.016 7	-0.50
Panel B 被解释变量为 Pay2								
ROA	1.394 0	11.65***	2.277 9	10.20***	0.237 8	2.19**	1.160 9	4.56***
ROA×EL	-0.175 8	-4.82***	0.097 6	0.82	0.038 5	1.63	0.268 3	1.80*
EL	-0.039 8	-5.28***	-0.030 0	-2.61***	-0.003 6	-0.33	-0.007 2	-0.41
D×ROA			-1.052 5	-4.44***			-1.061 5	-4.12***

（续表）

	国有公司				非国有公司			
	(1)		(2)		(3)		(4)	
	估计系数	t 值	估计系数	t 值	估计系数	t 值	估计系数	t 值
D×ROA×EL			−0.288 0	−2.28**			−0.228 0	−1.51
D×EL			−0.022 2	−1.45			−0.007 3	−0.32
D			0.043 8	1.99**			−0.004 3	−0.13

Panel C　EL 用曾庆生和陈信元（2006）方法衡量

	国有公司				非国有公司			
	(1)		(2)		(3)		(4)	
	估计系数	t 值	估计系数	t 值	估计系数	t 值	估计系数	t 值
ROA	1.598 5	12.24***	2.416 1	9.88***	0.310 0	2.92***	1.122 8	4.28***
ROA×EL	−0.168 5	−4.57***	0.284 0	2.26**	−0.009 0	−0.45	−0.022 7	−0.18
EL	−0.028 8	−3.62***	−0.019 3	−1.59	0.000 5	0.05	0.006 2	0.37
D×ROA			−0.907 3	−3.50***			−0.946 8	−3.57***
D×ROA×EL			−0.491 1	−3.72***			0.019 0	0.15
D×EL			−0.026 5	−1.64			−0.014 3	−0.63
D			0.045 4	1.89*			−0.013 3	−0.39

注：Pay=ln（薪酬最高的前三位董事/3）；Pay2=ln（薪酬最高的前三位高级管理人员/3）；ROA2=年末净利润/年末资产总额；ROA=年末营业利润/年末资产总额；EL 表示冗员负担，用实际雇员规模减去期望雇员规模得到；D 表示公司业绩下降时取 1，否则取 0；*，**，***分别表示在 10%，5%，1%水平上显著。

表 5-8 稳健性检验

	国有公司 (1)		国有公司 (2)		非国有公司 (3)		非国有公司 (4)	
	估计系数	t值	估计系数	t值	估计系数	t值	估计系数	t值
$CROA$	0.259 6	3.63***	0.044 9	0.39	0.016 4	0.68	0.108 1	1.52
$CROA \times EL$	−0.038 8	−1.77*	0.012 2	0.39	−0.000 1	−0.68	0.008 3	0.51
EL	0.003 0	0.42	−0.000 3	−0.03	−0.004 2	−0.54	−0.028 0	−2.11**
$D \times CROA$			0.305 3	1.80*			−0.142 3	−1.79*
$D \times CROA \times EL$			−0.102 5	−2.08**			−0.008 0	−0.50
$D \times EL$			−0.004 0	−0.27			0.032 9	2.00**
D			−0.05	−2.50**			−0.08	−3.38***

注:被解释变量为 $CPAY$;$CPAY$ 为 Pay 的变化,即 t 年的 Pay 减去 $t-1$ 年的 Pay;$CROA$ 为 ROA 的变化,即 t 年的 ROA 减去 $t-1$ 年的 ROA,EL 表示冗员负担,用实际雇员规模减去期望规模得到;D 表示公司业绩下降时取 1,否则取 0;*、**、*** 分别表示在 10%、5%、1% 水平上显著。

表 5-9 稳健性检验

	中央国有公司		地方国有公司		中央国有公司		地方国有公司	
	估计系数	t值	估计系数	t值	估计系数	t值	估计系数	t值
ROA	1.928 2	7.29***	1.781 6	11.25***	2.439 1	4.96***	2.460 7	8.58***
$ROA \times EL$	0.365 9	3.01***	−0.272 4	−6.09***	0.599 5	1.29	0.091 4	0.66
EL	0.025 5	1.25	−0.039 7	−4.38***	0.034 3	0.90	−0.029 3	−2.15**
$D \times ROA$					−0.618 1	−1.21	−0.719 5	−2.32**

（续表）

	中央国有公司		地方国有公司		地方国有公司	
	估计系数	t 值	估计系数	t 值	估计系数	t 值
D×ROA×EL	-0.296 2	-0.62			-0.398 6	-2.68***
D×EL	-0.026 1	-0.57			-0.024 1	-1.32
D	0.049 9	1.00			0.048 2	1.75*

注：被解释变量为 Pay；Pay=ln（薪酬最高的前三位董事/3）；ROA=年末营业利润/年末资产总额；EL 表示冗员负担，用实际雇员规模减去期望雇员规模得到；D 表示公司业绩下降时取 1，否则取 0。*、**、*** 分别表示在 10%、5%、1% 水平上显著。

表 5-10　稳健性检验

	(1) 全样本		(2) 国有公司		(3) 非国有公司	
	估计系数	Wald	估计系数	Wald	估计系数	Wald
EL	0.008 8	0.420 8	0.050 8	5.517 9**	0.008 0	0.337 5
Ownership	0.148 6	7.401 4***				
EL×Ownership	0.040 6	2.586 7**				

注：被解释变量为 Perk；Perk 表示公司发生大规模在职消费取 1，否则取 0；EL 表示冗员负担，用实际雇员规模与期望雇员规模得到，用曾庆生和陈信元（2006）方法衡量；Ownership 表示公司实际控制人类别，如果实际控制人为国有公司取 1，否则取 0。*、**、*** 分别表示在 10%、5%、1% 水平上显著。

4) 借鉴谢德仁等(2012)的研究,我们同时建立了高管薪酬激励研究的差分模型。在模型(1)和模型(2)中,被解释变量为 Pay 的变化($DPAY$)来衡量,同时,业绩也是相对应的 ROA 的变化($CROA$)。表5-8报告了回归结果。国有公司的回归结果表明,$CROA \times EL$ 的回归系数显著为负,$D \times CROA \times EL$ 的回归系数显著为负;非国有公司的回归结果表明,$CROA \times EL$ 的回归系数不显著,$D \times CROA \times EL$ 的回归系数不显著;上述回归结果均与表5-4、表5-5的回归结果一致。

5) 进一步,我们区分了地方政府和中央政府控制的国有公司。表5-9报告了回归结果。中央国有公司的回归结果表明,$ROA \times EL$ 的回归系数显著为正,$D \times ROA \times EL$ 的回归系数不显著;地方国有公司的回归结果表明,$ROA \times EL$ 的回归系数显著为负,$D \times ROA \times EL$ 的回归系数显著为负;上述结果表明,相对于中央政府控制的国有公司来说,冗员负担确实降低了地方国有公司的"业绩—薪酬"敏感性,而且,冗员负担也加剧了地方国有公司高管薪酬的"粘性"程度。

限于篇幅,本章只报告了解释变量的回归结果,而未列示控制变量的回归结果。

5.8 结　　论

政府干预所造成的政策性负担与激励问题的差异被认为是国有企业的绩效较差的重要原因。我国是一个转型经济国家,存在大量的国有企业,政府对国有企业的生产经营和治理结构的塑造均具有重大的影响。经过三十余年的改革,我国的国有企业改革取得了重大成就,但国有企业仍然存在众多问题,其中最主要的方面之一就是国有企业的公司治理水平普遍还处于一个较低的水平,这无疑影响了我国国企改革的效率和效果。本章以我国证券市场上的上市公司为样本,从冗员负担与薪酬激励角度对上述问题进行了研究。研究发现,冗员负担显著降低了国有企业高管的"薪酬业绩敏感性",加剧了薪酬的"粘性"程度。同时,冗员负担越重,国有企业的高管越倾向于进行在职消费。

本章的研究结果表明:政府干预所导致的冗员负担的存在对国有企业的高管激励机制产生了重要影响,具体表现为政府会弱化高管薪酬与企业业绩之间的关联性,同时允许高管进行较多的在职消费,用以弥补高管在现金薪酬方面的损失。本章的结论在一定程度上可以为国有企业的高管激励效果不佳、在职消费等隐性激励方式广泛存在等现象提供较合理的解释。由此可见,减少政府对企业生产经营过程中的干预,对于企业建立有效的包括高管激励在内的公司治理机制,具有重要的意义。

第 6 章

政府干预与高管变更

6.1 引　　言

高管变更的有效性是公司治理机制有效性的一个主要方面,有效的高管变更机制将有助于提升公司的价值。国内外文献主要关注高管变更的影响因素及经济后果。在影响因素方面,已有文献主要关注公司业绩(Weisbach, 1988; Denis and Sarin, 1997; Huson et al. , 2001; Chang and Wong, 2004;龚玉池,2001;赵震宇,杨之曙,白重恩,2007)、股权结构(Huson et al. , 2001; Kang and Shivdasani, 1995; Parrino et al. , 2003; Renneboog, 2000;孙永祥,黄祖辉,1999)、董事会特征(Weisbach, 1988; Jensen, 1993)、控制权市场(Morck, Shleifer and Vishny, 1989; Mikkelson and Partch, 1997)、法律法规(DeFond and Hung, 2003; Volpin, 2002)、产品市场竞争(DeFond and Park, 1999)、高管特征(Chang and Shin, 2006;朱红军,2002)等方面,取得了丰富的研究成果。

但是,从我们掌握的文献来看,目前尚没有文献研究企业投资效率对高管变更的影响及相应的经济后果问题,而企业投资效率的高低是一个极其重要的指标,它直接决定着企业未来的发展前景,对于一家企业来说,未来的发展前景显然要比短期经营状况更重要。因此,如果企业的高管因为投资效率低下而发生变更,则更加表明公司的治理机制是有效的;反之,则表明公司的治理机制是低效或无效的。因此,从企业投资效率角度来研究高管变更问题具有重要的理论和现实意义。鉴于此,本章以我国上市公司为研究对象,从企业投资效率的角度研究了我国高管变更问题。

这里所谓的投资效率是指企业的投资额偏离理想状态的程度,如果投资额高于理想状态,则为过度投资;如果投资额低于理想状态,则为投资不足。过度投资或投资不足的程度越大,企业的投资效率越差。国际上的相关研究为该指标的计量提供了依据（Richardson，2006；Biddle et al.，2009）。该指标的一个主要优点在于它能衡量企业投资的偏离程度，弥补了原始投资额的缺陷，从而能为我们判断企业投资效率的高低提供依据。从国内的近期研究来看，有一些文献已经研究了企业的投资效率或过度投资问题，如辛清泉、林斌、王彦超（2007）、魏明海、柳建华（2007）、张功富、宋献中（2009），但现有文献都没有探讨投资效率或过度投资与高管变更之间的关系问题。本章希望能为理解高管变更与资本投资之间的关系提供来自转轨国家的经验证据。

　　基于上述分析，本章以中国上市公司 2001—2006 年的数据为研究样本对上述问题进行了研究。考虑到国有企业与民营企业在公司治理等诸多重要方面都存在重大差异，本章借鉴夏立军、方轶强（2005）等的研究，按照最终控制人性质和所有权的实际行使主体，将上市公司划分为中央政府控制的上市公司、地方政府控制的上市公司和民营公司 3 类，将产权性质变量引入回归模型。研究结果发现，总体来说，高管因为投资效率低下而被更换的证据较微弱；高管被更换后，投资效率并没有得到明显的改善。区分企业产权后，我们发现，相对于国有公司来说，民营公司的"高管变更—投资效率"敏感性更大，但高管变更之后投资效率并没有得到显著改善；然而，相对于地方政府控制的国有公司来说，中央政府控制的国有公司其高管变更之后投资效率得到了显著改善。

　　本章的研究贡献主要体现为以下几个方面：首先，本章通过从产权性质这一视角考察投资效率对高管变更的影响，为理解政府干预下激励机制扭曲所导致的经济后果提供了新的证据；其次，本章不仅从投资效率的角度来考察高管变更问题，还进一步研究了高管变更对投资效率的影响，推进了高管变更的公司治理效应方面的研究；最后，本章也为我国设置一套行之有效的激励约束机制来规范高管行为提供了参考证据。

　　下文的结构安排如下：第二部分是本章的研究假说；第三部分是变量与模型；第四部分是研究样本与描述统计；第五部分是检验结果；最后是本章的结论。

6.2　研　究　假　说

　　经理普遍都有构筑商业帝国的倾向（Jensen，1993），他们会将所有可获得的资金都用于投资，从而造成过度投资，也可能因为代理问题而导致投资不足(Holmstrom and Weiss，1985)。这两类代理问题所刻画的企业行为截然不同，但它们均会对股东财富带来损害。为此，股东必须寻求有效的治理机制来缓解经理的代理问题。但是考虑到我国上市公司中大部分为国有控股公司，绝大多数国企高管的任免权仍由各级政府部门控制，导致国企高管更多地对决定自己任免资格的政府部门负责，进而使国企的经营目标因满足政府的要求而多元化，如增加就业岗位、稳定社会环境、投资新兴产业和增加当地的税收以及促进 GDP 的增长等。并且，我国上市公司基本上由第一大股东尤其是国有股控制整个公司、缺乏其他大股东与其制衡，这样的股权结构不利于经理层在更大范围内接受多元产权主体对企业经营活动的监督和约束，不利于完善公司治理结构，更不利于提高公司价值。国有企业在经营过程中所担负的政策性负担以及政府的干预扭曲了公司的内部治理。国有股减持课题组(2001)的研究结果表明，由于国有股的比重过高和不能流通，作为外部治理机制的经理人才市场、资本市场和控制权市场，其功能的发挥受到了限制。Kato 和 Long(2005)研究发现，中国国有上市公司 CEO 变更对业绩的敏感度不如外资控股的公司，并且只有当所有权从国有变为私有时，公司业绩与 CEO 变更才呈显著负相关关系。

企业的投资效率是一个极其重要的、能较好反映股东与经理人之间代理问题的指标，它直接决定着企业未来的发展前景，对于一家企业来说，如果企业的投资效率低下，股东的利益显然会受到损害，在此情况下，更换不称职的高管不失为一种较好的治理机制。因此，如果企业的高管因为投资效率低下而发生变更，则更加表明公司的治理机制是有效的；反之，则表明公司的治理机制是低效或无效的。根据上面的分析，国有企业的公司治理机制较差，这显然限制了企业因为投资效率低下而更换高管的机制的有效发挥。

相对于国有企业的经理人，民营企业的经理人面临更大的市场压力，因此，民营企业经理人有更大的动机进行有效的投资来提高企业业绩，以获得市场对他们的信心。徐晓东和陈小悦(2003)研究发现，第一大股东为非国家股股东的公司有着更高的企业价值和更强的盈利能力，在经营上更具灵活性，公司治理的效力更高，其高级管理层也面临着更多的来自企业内部和市场的监督和激励。赵震宇、杨之曙和白重恩(2007)发现，从国有与非国有公司的对比来看，公司绩效对非国有公司高层人员变更的正向激励的影响要比国有更加显著，也就是说公司治理有效性在非国有公司表现得更好。但是,公司治理影响企业绩效需要"中间桥梁"来实现,即公司治理首先会影响企业行为,这些行为继而会对企业绩效产生影响。考虑到无论是对于一个企业的成败还是对于一国经济增长而言,投资效率均至关重要。因此,我们可以合理预计,当企业的投资效率较差时,民营公司比国有公司更易于更换高管。基于上述分析,本章提出假说1:

假说1:相对于国有公司,民营公司投资效率越差,高管变更概率越大。

高管被迫离职往往在企业投资低效的情况下发生,这说明出现较严重的投资问题,给予了管理层选拔称职高管的很大压力,从而带来投资效率的改善。国有企业管理层可能有更为丰富的经营企业的经验和行业知识,因此也更有能力对其控股的上市公司进行监督。特别地,当上市公司由中央国企控制时,由于中央国企本身受到了更为严格的监督(Xu,2004),如来自审计署的审计等,因此中央国企控制的公司中其高管的机会主义行为可能受到了更多的约束。但是,对于受地方政府控制的上市公司而言,地方政府及其官员有干预其投资活动的动机。第一,地方政府的社会目标动机。地方政府面临的现实任务是促进经济发展、增加财政收入、改善社会福利及维持社会稳定。地方政府利用其所有权将自身承担的政治目标转嫁到公司,如地方经济发展、社会养老、社会稳定等。第二,地方政府官员的政绩动机。地方政府官员有其个人利益,还有其政治晋升诉求。而考核其政绩的重要指标之一就是 GDP 和财政收入(周黎安,2004)。利用投资来追求公司的扩张就成为增加 GDP 或财政收入增长的重要的途径,这在财政赤字较高、经济发展较落后的地区动机更强烈。因此,地方国企对其控制的上市公司所进行的监督则可能更为松散(Xu,2004),更可能容忍国有企业高管的机会主义行为。因此,地方政府控制的国有企业高管的机会主义行为必然会影响其投资效率。并且,有证据表明,地方政府控制的国有公司其业绩要低于中央政府控制的国有公司(Xu,2004;夏立军和方轶强,2005)。民营公司高管的变更,从某种程度上说,体现着管理层要提高公司投资效率的决心,而且经理人有更大的动机进行有效的投资来提高企业业绩,以获得市场对他们的信心。Kato 和 Long(2005)的研究结果表明,CEO 变更将显著提高公司业绩,并且与国有控股公司相比,私有控股公司在 CEO 变更后业绩提高的幅度更大。基于上述分析,本章提出假说2:

假说2:相对于地方政府控制的国有公司来说,中央政府控制的国有公司和民营公司的高管变更后，投资效率更易得到改善。

6.3 变量与模型

6.3.1 投资效率的衡量

投资效率指标属于本章的一个重要变量，因此，本章首先对其进行界定。参照 Richardson(2006)和 Biddle et al.(2009)的做法，本章采用如下的回归模型来计算该指标：

$$Newinvt = \beta_0 + \beta_1 Tobin'O + \beta_2 Lev + \beta_3 Cash + \beta_4 Age + \beta_5 Size$$
$$+ \beta_6 Return + \beta_7 Sqnewinvt + \sum_{i=1}^{11} \beta_{1i} Industry_i \quad (1)$$
$$+ \sum_{j=1}^{6} \beta_{2j} Year_j + \tau$$

Newinvt 表示企业当年的新增投资，借鉴 Richardson(2006)、Biddle et al.(2009)、魏明海、柳建华(2007)及王霞、张敏、于富生(2008)的研究，本章将其定义为：构建固定资产、无形资产及其他长期资产的支出＋购买或处置子(分)公司的支出－处置固定资产、无形资产和其他长期资产而收回的现金－当期折旧额，我们用年初总资产对其进行了标准化处理。

Tobin'Q 表示企业价值，和 Tian(2001)、夏立军、方轶强(2005)、苏启林、朱文(2003)等研究的做法一致，本章将其定义为：(流通股股数×每股价格＋非流通股股数×每股净资产＋负债账面价值)/总资产，值越大，表示企业价值越大。

Lev 表示负债比率，用总负债与总资产之比表示。*Cash* 表示企业的现金持有量，用货币资金与短期投资之和表示，用总资产进行了标准化。*Age* 表示企业上市年限。*Size* 表示企业规模，用总资产的自然对数表示。*Return* 表示企业的股票回报，用年度股票回报率表示。*Sqnewinvt* 表示上期的新增投资。*Industry* 和 *Year* 分别表示行业哑变量和年度哑变量。在上述模型中，自变量都比被解释变量滞后一期。

本章对上述模型进行回归，得到的残差 ε 即为投资效率，它是实际投资额与理想投资额之间的差额，也即投资偏离度。该指标大于 0 表示过度投资，值越大，过度投资程度越大；小于 0 表示投资不足，值越小，投资不足程度越大；如果企业的投资处于理想状态，该指标为 0。

6.3.2　检验模型

6.3.2.1　假说 1 的检验模型

本章使用下述 LOGISTIC 回归模型,对假说 1 进行检验:

$$Turnover = \alpha_0 + \alpha_1 ABSinvt + \alpha_2 Ownership + \alpha_3 Grow + \alpha_4 ROA \\ + \alpha_5 Top1 + \alpha_6 Number + \alpha_7 Holder + \alpha_8 Meeting + \varepsilon \quad (2)$$

$$Turnover = \gamma_0 + \gamma_1 ABSinvt + \gamma_2 Cengov + \gamma_3 Private \\ + \gamma_4 Cengov \times ABSinvt + \gamma_5 Private \times ABSinvt \\ + \gamma_6 Grow + \gamma_7 ROA + \gamma_8 Top1 + \gamma_9 Number \\ + \gamma_{10} Holder + \gamma_{11} Meeting + \varepsilon \quad (3)$$

模型(2)中,被解释变量 $Turnover$ 表示企业高管变更,其取值方式为,当公司董事长或总经理至少有一个发生变更时,取 1,否则,取 0。解释变量 $ABSinvt$ 是企业投资效率的绝对值。如果 $ABSinvt$ 的回归系数显著为正,则表明企业投资偏离度越大,高管越可能变更。

考虑到国有企业与民营企业在公司治理等诸多重要方面都存在重大差异,本章按照最终控制人性质和所有权的实际行使主体,将上市公司划分为中央政府控制的上市公司、地方政府控制的上市公司和民营公司 3 类,将产权性质变量引入回归模型,使用模型(3)对其进行检验。其中,如果实际控制人为中央政府控制的国有公司,则 $Cengov$ 取 1,否则取 0;如果实际控制人为民营公司,则 $Private$ 取 1,否则取 0;$Cengov \times ABSinvt$ 为 $Cengov$ 与 $ABSinvt$ 的交叉项,$Private \times ABSinvt$ 为 $Private$ 与 $ABSinvt$ 的交叉项,根据假说 1,本章预期 $Private \times ABSinvt$ 的回归系数显著为正。

借鉴相关研究及我国的现实情况,本章在模型中还控制了其他一些因素。$Ownership$ 表示企业实际控制人类别,如果实际控制人为国有企业取 1,否则取 0。国有企业和非国有企业的总经理所受到的激励约束可能是不一样的(Firth, Fung, Rui, 2006)。$Grow$ 表示企业的成长性,用主营业务收入的增长率表示。企业成长性越好,高管越不容易发生变更。ROA 表示企业的业绩,用总资产净利率表示。公司业绩越好,高层管理人员发生变更的可能性就越小(Chang and Wong, 2004)。$Top1$ 表示第一大股东持股份比例,用第一大股东持股数与总股份数之比表示。当第一大股东持股处于绝对控股地位时,上市公司董事长、总经理的任命和变更是由大股东决定的;如果第一大股东处于非绝对控股地位,则股权的制衡程度可能会一定程度上抑制大股东的这种行为。*Number* 表示董事会规模，*Holder* 表示董事持股人数，*Meeting* 表示董事会会议次数。丁希炜、周中胜(2008)发现董事会规模和高管变更呈负向关系，董事会会议次数和高管变更呈正向关系。需要说明的是，为了避免内生性的影响，模型中的解释变量都比被解释变量滞后 1 年。在模型中还加入了行业和年度哑变量。

6.3.2.2 假说 2 的检验模型

本章使用下述 OLS 回归模型，对假说 2 进行检验：

$$
\begin{aligned}
ABSinvt =\ & \delta_0 + \delta_1 Turnover + \delta_2 Ownership + \delta_3 Grow + \delta_4 ROA \\
& + \delta_5 Size + \delta_6 Top1 + \delta_7 Age + \delta_8 Cash + \delta_9 Number \\
& + \delta_{10} Holder + \delta_{11} Meeting + \varepsilon
\end{aligned} \tag{4}
$$

$$
\begin{aligned}
ABSinvt =\ & x_0 + x_1 Turnover + x_2 Cengov + x_3 Private + x_4 Cengov \times Turnover \\
& + x_5 Private \times Turnover + x_6 Grow + x_7 ROA + x_8 Size + x_9 Top1 \\
& + x_{10} Age + x_{11} Cash + x_{12} Number + x_{13} Holder \\
& + x_{14} Meeting + \varepsilon
\end{aligned} \tag{5}
$$

上述两模型中的各变量定义同上文，被解释变量为 *ABSinvt*，解释变量为 *Turnover*。*Cengov* × *Turnover* 为 *Cengov* 与 *Turnover* 的交叉项，*Private* × *Turnover* 为 *Private* 与 *Turnover* 的交叉项，根据假说 2，本章预期 *Private* × *Turnover*、*Cengov* × *Turnover* 的回归系数显著为负。同样地，我们在模型中还加入了行业和年度哑变量，模型中的解释变量都比被解释变量滞后 1 年。

6.4 研究样本与描述统计

本章以我国深、沪市场 2001—2006 年的所有 A 股上市公司为研究样本，按以下标准对样本进行了处理：(1)因为金融类上市公司会计制度的特殊性，对其进行了剔除；(2)剔除了在此期间被 ST 的和数据缺失的样本；(3)剔除了上市年限小于 2 的样本；(4)对于本章所使用到的主要连续变量，为消除极端值的影响，剔除了小于 1% 和大于 99% 的极端值样本，最后得到 6 495 个观测值。本章所使用的数据来源于 CCER 数据库。

表6-1列示了样本的基本分布情况。其中，2001 年有 871 个样本，2002 年有 1 003 个样本，2003 年有 1 068 个样本，2004 年有 1 122 个样

本,2005 年有 1 176 个样本,2006 年有 1 255 个样本。国有公司样本有 4 762 个,占全部样本的 73.32%,说明我国上市公司大部分为国有公司,并且,地方政府控制的国有企业有 3 682 个,占全部国有企业的 77.32%,进一步说明我国地方政府控制的国有企业占国有企业的大部分。3 056 个样本发生了高管变更,占全部样本的 47.05%,表明我国将近一半的上市公司发生了高管变更。在国有公司中,发生高管变更的公司个数为 2 180,占国有公司的 45.78%,并且,中央政府控制的国有企业中,高管变更公司与高管未变更公司所占比例相近;然而,地方政府控制的国有企业中,高管变更公司与高管未变更公司所占比例相差较大。在民营公司中,高管变更公司与高管未变更公司所占比例也相近。因此这也为后文回归分析中对中央政府控制的国有公司与民营公司进行比较提供了样本依据。

表 6-1　　　　　　　　　　　　　　**样本构成**

公司类别	样本总数	高管变更公司		高管未变更公司	
		家数	百分比(%)	家数	百分比(%)
中央政府控制的国有公司	1 080	544	50.37	536	49.63
地方政府控制的国有公司	3 682	1 636	44.43	2 046	55.57
民营公司	1 733	875	50.49	858	49.51
全部样本	6 495	3 056	47.05	3 439	52.95

表 6-2 报告了变量的描述统计。从高管变更($Turnover$)的均值来看,有 47.05% 的样本公司发生了高管变更,表明更多的公司并未发生高管变更。从投资效率的绝对值($ABSinvt$)来看,投资偏离度平均为 4.01%,远高于 Claessens 等(2008)用巴西上市公司估计的 0.34%,表明我国上市公司的投资效率较差。成长性($Grow$)的差异很大,最小值为 −1.733 1,而最大值则达到 12.866 0。公司盈利能力(ROA)的均值为 0.016 2,最小值为 −1.787 4,而最大值则为 0.510 2。第一大股东持股比例($Top1$)的均值为 0.428 6,最小值为 0.003 9,而最大值则为 0.885 8。董事会规模($Number$)最小值为 2,而最大值则为 20;董事会持股人数($Holder$)最小值为 0,而最大值则达到 14,这两项指标说明中国上市公司在董事会特征方面存在较大差异。董事会会议($Meeting$)最小值为 1,而最大值则为 34,说明中国上市公司的董事会行为差异也较大。

表 6-2   描述统计

	平均值	标准差	中位数	最小值	最大值
Turnover	0.470 5	0.499 2	0.000 0	0.000 0	1.000 0
ABSinvt	0.040 1	0.039 1	0.029 9	0.000 0	0.558 4
Ownership	0.733 2	0.442 3	1.000 0	0.000 0	1.000 0
Grow	0.237 4	0.705 1	0.149 2	−1.733 1	12.866 0
ROA	0.016 2	0.103 0	0.027 4	−1.787 4	0.510 2
Size	9.174 0	0.403 8	9.138 9	7.435 9	11.662 8
Top1	0.428 6	0.170 9	0.416 3	0.116 4	0.768 2
Age	5.660 2	2.979 4	5.000 0	1.000 0	15.000 0
Cash	8.253 4	0.599 1	8.324 7	5.257 7	10.272 1
Number	9.704 4	2.320 0	9.000 0	2.000 0	20.000 0
Holder	2.362 4	2.634 4	1.000 0	0.000 0	14.000 0
Meeting	7.258 8	3.161 1	7.000 0	1.000 0	34.000 0

表 6-3 采用卡方检验方法检验了各类公司在投资效率高低组中高管发生变更的概率的差异。结果表明,民营公司在不同投资效率组高管发生变更的概率是有显著差异的,投资效率越差,民营公司的高管越容易发生变更;中央政府控制的国有公司和地方政府控制的国有企业在不同投资效率组高管发生变更的概率没有显著差异。

表 6-3   各类公司在投资效率高低组中高管发生变更的概率的差异

	ABSinvt≥中位数	*ABSinvt*<中位数	卡方检验
全部样本	46.85	47.21	0.089 0
中央政府控制的国有企业	48.39	52.26	1.619 4
地方政府控制的国有企业	43.93	44.94	0.377 8
民营企业	52.54	48.62	2.658 2*

注:* 表示在 10% 水平显著。

表 6-4 进一步分组研究了高管变更对投资效率改善的影响。所谓投资效率的改善是指高管变更后的投资效率与变更前的投资效率之差的绝对值,值越小,表示投资效率的改善程度越大。从全部样本来看,高管未变更公司的投资效率改善的平均值和中位数分别为 0.046 8 和 0.029 0,高管变更公司的投资效率改善的平均值和中位数分别为 0.049 8 和 0.030 0,检

验结果表明,高管未变更公司的平均值显著小于高管变更公司,中位数没有显著差别,这表明从总体来看,高管变更并没有带来投资效率的改善;从中央政府控制的国有公司来看,高管未变更公司的投资效率改善的平均值和中位数分别为 0.048 7 和 0.030 8,高管变更公司的投资效率改善平均值和中位数分别为 0.041 9 和 0.026 2,检验结果表明,高管未变更公司的平均值和中位数都显著大于高管变更公司,这表明中央国有企业的高管变更提升了企业的投资效率;从地方政府控制的国有公司来看,高管未变更公司的投资效率改善的平均值和中位数分别为 0.046 3 和 0.028 7,高管变更公司的投资效率改善的平均值和中位数分别为 0.051 5 和 0.031 0,检验结果表明,高管未变更公司的平均值和中位数都显著小于高管变更公司,这表明地方国有企业的高管变更没有提升企业的投资效率;从民营公司来看,无论是均值,还是中位数,检验结果表明,高管未变更公司和高管变更公司的投资效率改善的平均值和中位数都没有显著差别。以上结果表明,只有中央政府控制的国有公司得到的结果与其他 3 类差异较大。

表 6-4　　　　　　　　两类公司投资效率绝对值比较

公司类别	高管未变更公司		高管变更公司		高管未变更公司—高管变更公司	
	平均值	中位数	平均值	中位数	平均值之差(t 检验)	中位数之差(符号秩检验)
全部样本	0.046 8	0.029 0	0.049 8	0.030 0	−0.003 0 (−1.97)**	−0.001 0 (0.577 9)
中央政府控制的国有公司	0.048 7	0.030 8	0.041 9	0.026 2	0.006 8 (1.94)*	0.004 6 (−2.112 5)**
地方政府控制的国有公司	0.046 3	0.028 7	0.051 5	0.031 0	−0.005 2 (−2.60)***	−0.002 3 (1.695 5)*
民营公司	0.046 9	0.029 1	0.051 6	0.029 4	−0.004 7 (−1.48)	−0.000 3 (0.375 2)

注:*、**、*** 分别表示在 10%、5%、1%水平显著。

表 6-5 报告了全部样本变量之间的相关系数,其中下方为 Pearson 相关系数,上方为 Spearman 相关系数。*Turnover* 与 *ABSinvt* 没有显著相关;*Turnover* 与 *Ownership*, *ROA*, *Size*, *Top1*, *Cash*, *Holder* 显著负相关,表明国有、高盈利能力、大规模、第一大股东持股比例高、现金持有量高、董事会持股人数多的公司高管变更的可能性相对较小;*Turnover* 与

表 6-5　　　　　　　　　　　Pearson(Spearman)相关系数表

	Turnover	ABSimt	Ownership	Grow	ROA	Size	Top1	Age	Cash	Number	Holder	Meeting
Turnover		-0.007 7	-0.040 5***	-0.036 6***	-0.096 3***	-0.035 4***	-0.066 1***	0.064 6***	-0.043 9***	-0.008 0	-0.061 7***	0.014 4
ABSimt	-0.005 4		0.040 2***	-0.009 9	0.081 5***	-0.012 8	0.059 3***	-0.119 5***	0.007 6	0.014 5	-0.011 8	-0.018 5
Ownership	-0.040 5***	0.024 8**		0.009 8	0.037 8***	0.170 9***	0.326 8***	-0.038 5***	0.139 8***	0.108 3***	0.133 1***	-0.105 0***
Grow	-0.000 4	0.005 2	-0.033 0 0		0.338 3***	0.153 1***	0.058 3***	-0.089 7***	0.170 4***	0.035 4***	-0.000 9	0.008 7
ROA	-0.074 2***	0.041 4***	0.086 1***	0.164 7***		0.139 6	0.184 4***	-0.259 0***	0.295 8***	0.033 1***	0.079 0***	-0.080 8***
Size	-0.026 6**	-0.020 2	0.180 4***	0.030 5**	0.2150***		0.206 6***	0.062 8***	0.728 7***	0.181 3***	0.176 9***	0.037 3***
Top1	-0.063 2***	0.036 0***	0.319 1***	-0.007 3	0.154 8***	0.229 0***		-0.228 6***	0.196 7***	-0.023 5	0.048 5***	-0.058 9***
Age	0.067 0***	-0.094 5***	-0.038 4***	-0.004 9	-0.147 4***	0.040 8***	-0.234 0***		-0.081 5***	-0.020 6*	0.015 3	0.099 6***
Cash	-0.054 9***	-0.002 2	0.167 0***	0.066 4***	0.361 8***	0.723 5***	0.219 9***	-0.095 9***		0.148 0***	0.136 6***	0.014 6
Number	-0.007 3	0.013 4	0.106 1***	-0.011 1	0.039 0***	0.210 5***	-0.011 3	-0.022 6*	0.147 2***		0.217 2***	-0.027 2**
Holder	-0.069 3***	0.001 9	0.149 3***	-0.040 4***	0.087 5***	0.159 8***	0.097 0***	-0.074 8***	0.150 0***	-0.131 4***		-0.181 4***
Meeting	0.017 5	-0.008 4	-0.105 6***	0.034 7***	-0.067 0***	0.034 7***	-0.062 5***	0.108 7***	0.021 3*	-0.017 3	-0.157 2***	

注：*、**、***分别表示在 10%、5%、1%水平显著。

Age 显著正相关,表明公司上市年龄越长其高管变更可能性越大。其他变量之间的相关性也非常合理与直观,比如,*Size* 与 *ROA* 显著正相关,表明规模越大的公司,其盈利能力也越好;*Age* 与 *ROA* 显著负相关,表明上市年龄越长的公司,其盈利能力越差。尽管自变量之间相关系数显著,以 *VIF* 检验多重共线性的值都不大于 5,因此,多重共线性不会影响后面的回归结果。

6.5　实　证　结　果

表 6-6 报告了模型 2 和模型 3 的回归结果。在模型 2 的回归结果中,*ABSinvt* 的回归系数为正但不显著,表明总体来说,企业的投资效率对高管变更没有显著影响。控制变量中 *ROA* 的回归系数显著为负,与 Chang 和 Wong(2004)的结论一致;*Top*1 的回归系数显著为负,与赵震宇、杨之曙、白重恩(2007)的结论一致;*Holder* 的回归系数显著为负,表明董事会持股人数越多,高管变更的概率越小。*Meeting* 的回归系数显著为正,与丁希炜、周中胜(2008)的结论一致。*Ownership*,*Grow*,*Number* 的回归系数均不显著。

模型 3 的回归结果显示,*Private*×*ABSinvt* 的回归系数显著为正,说明相对于国有公司来说,民营公司的"高管变更-投资效率"敏感性更大,表明民营公司比国有公司的高管更容易因为投资效率低下而发生变更,该结果支持了假说 1。国有公司一般都是关系国家经济命脉的龙头企业,高管一般由政府任命,不能像民营企业那样自主地变更高管,很多时候还要受到政府的干预,如贷款或担保以帮助其他的国有公司解困等,高管需要考虑除了经济职能以外的其他职能,因此不会只考虑公司的投资效率,投资效率只是考察其能力的一个方面。其他控制变量的结果与模型 2 中控制变量的结果大体一致。

表 6-6　　　　　　　　　　　　LOGISTIC 回归结果

	预计符号	Turnover		Turnover	
		估计系数	Wald	估计系数	Wald
截距项		0.085 4	0.140 2	0.057 0	0.059 3
ABSinvt	+	0.233 5	0.126 4	−0.508 4	0.347 3
Ownership	−	−0.027 6	0.186 0		

（续表）

	预计符号	Turnover		Turnover	
		估计系数	Wald	估计系数	Wald
Cengov	−			0.196 7	3.575 7*
Private	+			0.000 0	0.000 0
Cengov×ABSinvt	−			0.963 4	0.250 0
Private×ABSinvt	+			2.418 2	2.576 7*
Grow	?	0.017 5	0.226 3	0.018 1	0.239 9
ROA	−	−1.455 4	22.089 9***	−1.481 8	22.615 3***
Top1	−	−0.484 4	8.826 7***	−0.503 1	9.420 5***
Number		0.011 5	1.004 1	0.008 3	0.518 8
Holder	−	−0.039	13.236 2***	−0.036 8	11.703 8***
Meeting	+	0.014 6	2.889 5*	0.014 9	3.026 7*
年度效应		已控制		已控制	
行业效应		已控制		已控制	
R-Square		0.032 1		0.034 1	
Chi-Square		211.656 9***		225.372 9***	
样本量		6 495		6 495	

注：*、**、*** 分别表示在 10%、5%、1% 水平显著。

表 6-7 报告了模型 4 和模型 5 的回归结果。在模型 4 的回归结果中 Turnover 的回归系数为正但不显著，表明总体来说，高管变更并没有带来企业投资效率的改善。在模型 5 的回归结果中，Cengov×Turnover 的回归系数为负且显著，表明相对于地方政府控制的国有公司来说，中央政府控制的国有公司其高管变更之后投资效率得到了显著改善，该结果支持了假说 2。Private×Turnover 的回归系数为负但不显著，表明对于民营企业和地方政府控制的国有公司来说，高管变更对投资效率改善的影响没有显著差别。上述结果表明，中央政府控制的国有公司在监督高管方面更加有效。

表 6-7   OLS 回归结果

	预计符号	ABSinvt		ABSinvt	
		估计系数	t 值	估计系数	t 值
截距项		0.138 0	7.13***	0.133 3	6.82***
Turnover	−	0.001 4	0.93	0.003 6	1.82*

（续表）

	预计符号	ABSinvt		ABSinvt	
		估计系数	t 值	估计系数	t 值
Ownership	−	−0.002 0	−1.05		
Cengov	−			0.000 9	0.32
Private	+			0.001 7	0.70
Cengov×Turnover	−			−0.010 4	−2.49**
Private×Turnover	+			−0.001 3	−0.36
Grow	−	0.000 1	0.05	0.000 0	0.03
ROA	−	0.026 4	3.51***	0.026 4	3.51***
Size	?	−0.003 5	−1.21	−0.003 5	−1.21
*Top*1	?	0.004 6	0.92	0.004 8	0.96
Age	−	−0.000 9	−2.89***	−0.000 9	−2.90***
Cash	−	−0.007 0	−3.65***	−0.006 8	−3.53***
Number	?	0.000 4	1.05	0.000 4	1.27
Holder	?	−0.000 5	−1.35	−0.000 5	−1.46
Meeting	?	0.000 5	2.11**	0.000 5	2.05**
年度效应		已控制		已控制	
行业效应		已控制		已控制	
调整 R^2		0.024 8		0.026 0	
F 值		6.000 0		5.710 0	
样本量		5 119		5 119	

注：*、**、*** 分别表示在 10%、5%、1% 水平显著。

此外，我们从如下角度进行了稳健性检验：首先，借鉴相关研究的做法，我们采用"投资—现金流"敏感性系数来衡量投资效率，对论文结果进行了稳健性检验，结果没有改变。其次，我们剔除了由于控制权转移、任期届满、退休等情况造成的高管变更样本，重新进行了回归分析，结果没有改变。

6.6　结　论

高管变更的有效性是公司治理机制有效性的一个主要方面。变更既是对经理人最极端的约束，也是对以往较差绩效的更正。本章不仅从投资效率的角度来考察高管变更问题,还进一步研究了高管变更对投资效率的影响。研究结果表明,相对于国有公司来说,民营公司的"高管变更—投资效率"敏感性更大,但高管变更之后投资效率并没有得到显著改善;然而,相对于地方政府控制的国有公司来说,中央政府控制的国有公司其高管变更之后投资效率得到了显著改善。

根据上文的分析,我们认为,应该进一步强化高管层的激励约束与任免机制,从而减少高管的过度投资和投资不足行为,培养企业可持续发展的意识。为了进一步改善上市公司的治理机制,有必要减持国有股比例,减少控股股东对中小股东利益的侵害,从而更好地发挥股东大会和董事会的监督作用,实现公司治理机制的良性循环。在高管人员更换以后如何招聘到合格的高管是个关键问题,因而需要建立发达的经理人才市场,才能使高管人员的更换机制发挥作用。

第 7 章

政府干预与资本结构动态调整

7.1 引 言

资本结构决策是企业最重要的决策之一,因此,关于资本结构的研究在现代公司财务研究中居于核心地位(Drobetz and Wanzenried, 2006)。来自实务界和理论界的大量证据表明,企业存在目标资本结构,它们会通过调整自身的资本结构,来达到或接近这一目标资本结构(Graham and Harvey, 2001; Drobetz and Wanzenried, 2006; Byoun, 2008; Titman and Wesseles, 1988)。很显然,企业的资本结构越趋向于目标资本结构,就越有利于企业价值的提升(Lööf, 2004)。

但是,在现实中,存在各种因素影响企业的资本结构调整行为,它们会影响企业的资本结构调整速度(Cook and Tang, 2010)和实际资本结构偏离目标资本结构的程度(Titman and Tsyplakov, 2007)等方面。首先,从企业内部来看,企业特征会影响它们的资本结构调整行为。企业成长越快、偏离目标资本结构的程度越大,资本结构的调整速度越快(Drobetz and Wanzenried, 2006)。规模越大的企业,资本结构的调整速度越快(Banerjee et al. , 2000)。企业对权益融资的依赖程度越大,它们的资本结构偏离目标资本结构的程度越小(Lööf, 2004)。

其次,从企业外部来看,企业所处的宏观经济环境、制度环境等都会影响它们的资本结构调整行为。宏观经济环境会同时影响企业资本结构调整的速度和规模,在经济繁荣期,调整速度较快,调整规模较大;在经济衰退期,则正好相反(Hackbarth et al. , 2008; Korajczyk and Levy, 2003; Drobetz and Wanzenried, 2006; Cook and Tang, 2010)。对于法制和投资者保护较好的普通法系国家,企业的资本结构调整成本较小,因此调整速度会较快(Öztekin and Flannery, 2012)。

中国企业也会调整自己的资本结构(陆正飞和高强,2003)。从现有文献来看,它们多数都是从企业特征、经济环境等角度来研究影响资本结构调整的因素(李增福和李娟,2011;王志强和洪艺珣,2009;姜付秀等,2008;苏冬蔚和曾海舰,2009)。然而对于中国企业来说,制度层面的因素可能是影响企业融资决策的最主要的因素(Li et al.,2009)。因此,从制度层面对资本结构调整的问题进行研究可能更符合中国企业的现实。目前,也有少量文献从这一层面进行了研究,如姜付秀和黄继承(2011)发现,市场化程度越高,企业的资本结构调整速度越快,偏离目标资本结构的程度越小;赵兴楣和王华(2011)发现,固有股比例对企业资本结构调整速度的影响为倒U型。

虽然已有少量文献从制度层面研究了影响企业资本结构调整的因素,但它们都没有直接检验制度环境究竟是通过何种机理来影响企业的资本结构调整行为的。本章立足于中国特定的制度环境,直接检验了国有企业面临的预算软约束对它们的资本结构调整速度以及资本结构与目标资本结构之间的偏离度的影响,从而弥补了现有文献的不足。本章的研究结果表明,国有企业的预算软约束程度越大,它们的资本结构调整速度越慢,偏离目标资本结构的程度也越大。我们从多个角度进行了稳健性检验,发现结果保持不变。这一结果表明,预算软约束的存在,导致国有企业改善资本结构的动力减弱,因而资本结构调整的速度较慢,偏离目标资本结构的程度较大。

本章的研究贡献体现在如下两个方面:首先,本章研究了预算软约束对企业资本结构动态调整行为的影响,丰富了资本结构动态调整领域的文献。现有相关文献主要从企业特征、经济环境等角度来探讨影响资本结构动态调整的因素,虽然也有部分文献从制度层面进行了研究,但这方面的文献尚很少,且它们并未直接研究制度安排对资本结构动态调整的影响机理,本章从预算软约束这一连接制度环境与企业的重要的桥梁角度进行了研究,从而弥补了现有文献的不足。

其次,本章的研究发现,预算软约束的存在,导致国有企业的资本结构调整速度变慢、偏离度变大,这显然会影响国有企业的资源使用效率,进而降低国有企业的经营效率。国有企业的低效性一直以来都为学术界所诟病。一方面,由于与政府之间存在的天然的密切联系,国有企业获得了更多的信贷等资源;但另一方面,国有企业并未高效地利用这些资源(Shleifer and Vishny,1994;Dewenter and Malatesta,2001;Li et al.,2009;方军雄,2007)。本章的研究结果揭示出了导致国有企业未高效利用资源的具体原因和后果,从而为改善国有企业效率提供了经验证据和政策建议。

本章后面的内容安排如下:第二部分是研究假说;第三部分是研究设计,包括检验模型、样本选择与描述统计;第四部分是回归结果;第五部分是稳健性检验;最后是本章的研究结论。

7.2　研　究　假　说

所谓预算软约束,是指在社会主义国家中,国有企业发生亏损后,政府通过追加投资、增加贷款、降低税负、提供补贴等方式对它们实施救助的现象(Kornai,1980)。预算软约束具有严重的经济后果,如加重企业高管的道德风险、导致银行出现坏账、增加财政风险等,这是导致国有企业低效经营的根本性原因(林毅夫和李志赟,2004)。Lin 和 Tan(1999)、林毅夫和李志赟(2004)、林毅夫、刘明兴和章奇(2004)认为,产生预算软约束的根源在于,国有企业出于历史原因承担了大量的政策性负担,因此,当国有企业出现亏损时,政府有责任和动机对它们进行救助。虽然经过三十余年的改革,我国经济的市场化程度得到了大幅度的提升,但政策性负担所导致的预算软约束问题依然存在,它仍然对国民经济的高效运行具有严重的负面影响。具体到对企业的资本结构动态调整的影响问题上,我们认为,预算软约束会降低企业资本结构调整的速度、增大资本结构偏离目标资本结构的程度,理由如下:

首先,预算软约束会加重国有企业管理层的道德风险问题,导致他们优化企业的资本结构的动机弱化。对于国有企业来说,特定的产权结构和产权特征决定了它们存在复杂的委托—代理关系(Shaprio and Willig,1990)。虽然从法理上来说,国有企业的所有者是全体人民,但这一主体是缺失的,在此背景下,政府或政府的下属机构便担当起"代理股东"的角色,造成了国有企业过长的代理链条,弱化了对国有企业管理层的监督机制。在缺乏合适的激励机制的情况下,管理层的道德风险极为突出,这会导致管理层实施并不能增进企业价值的过度投资等行为(张敏、吴联生和王亚平,2010)。而预算软约束的存在,会更加加重管理层的道德风险。预算软约束意味着,国有企业发生亏损后,政府会为它们提供帮助。这时,对于企业管理层来说,他们就会产生一种预期:即便企业发生亏损,他们也不用承担或承担较小的责任,从而加重他们的道德风险问题,导致其优化企业的资本结构、提升企业价值的动机弱化。而且,预算软约束的程度越大,管理层的道德风险越严重,他们优化资本结构的动机也越弱。

其次,预算软约束会降低负债的约束性,从而弱化企业调整资本结构的动力。对于我国的信贷市场来说,政府在信贷资源的配置方面仍然具有决定性的影响(方军雄,2007),在决定向哪些企业提供贷款时,政府往往具有决定权。我们从现实中观察到的事实是,政府利用这种权力,将更多的信贷资金提供给了与之具有密切关系的国有企业(Li et al.,2009;方军雄,2007)。同时,也正是由于政府的参与,这些债权资金对国有企业的约束力被软化了,即便企业到期无法偿还,企业一般也不会破产清算。正因为能够便捷地获得弱约束的负债,国有企业的管理层才有更强的动机去争取更多的负债,以此扩大企业规模,增加他们的控制权,从而使得企业的负债越来越偏离其理想状态,而不是向目标资本结构趋近(Qian et al.,2009)。

基于上述分析,我们认为,预算软约束的存在,会导致国有企业调整资本结构的动机和动力减弱。据此,我们提出如下待检验的假说:

研究假说:国有企业面临的预算软约束程度越大,其资本结构的调整速度越慢、偏离目标资本结构的程度越大。

7.3 研 究 设 计

7.3.1 检验模型

为验证本章的研究假说,我们同时用调整速度和偏离度来描述资本结构的动态调整过程,并从如下两个角度进行了模型设计和实证检验:首先,在标准的资本结构部分调整模型中引入预算软约束变量,以考察企业面临的预算软约束程度对其资本结构调整速度的影响;其次,用企业某年度的实际资本结构与其目标资本结构之间的差异来衡量偏离度,以检验预算软约束对企业资本结构偏离度的影响。

已有文献的研究结论表明,企业的目标资本结构是企业特征变量的函数,并且随着企业内、外部环境的变化而变化(Flannery and Rangan,2006)。借鉴姜付秀和黄继承(2011)等的研究,我们控制了常见的资本结构决定因素,并用如下模型来估计企业的目标资本结构:

$$Lev^* = \alpha_0 + \alpha_1 Size + \alpha_2 ROA + \alpha_3 Tang + \alpha_4 Growth \tag{1}$$
$$+ \alpha_5 Dep + \alpha_6 Ind\text{-}Avg\text{-}Lev + \omega$$

其中,Lev^* 是企业的目标资本结构;$Size$ 为企业规模,用企业年末总资产的自然对数来衡量;ROA 为总资产收益率,它等于净利润除以年末总资产,表示企业的盈利能力;$Tang$ 为有形资产水平,用年末存货与固定资产净值之和占总资产的比例来衡量;$Growth$ 为企业成长性,用企业年销售收入的增长率来衡量;Dep 表示非债务税盾,它等于企业在某年度内的固定资产折旧总额除以年末总资产;$Ind\text{-}Avg\text{-}Lev$ 为同一行业企业资本结构的平均值;ω 为企业特殊的非观测效应。

在已知目标资本结构的基础上,Flannery 和 Rangan(2006)、Byoun(2008)等建立了部分调整模型来表示资本结构的调整速度。我们借鉴这些研究的做法,在部分调整模型中引入预算软约束变量,以研究预算软约束水平对资本结构调整速度的影响。部分调整模型如下:

$$Lev - SqLev = \delta(Lev^* - SqLev) + \varepsilon \tag{2}$$

其中,Lev 表示企业期末实际的资本结构,用年末总负债与总资产的比例来衡量;$SqLev$ 表示上年度实际资本结构。δ 为本年度实际调整量占目标调整量的比例,它表示部分调整模型中样本企业每年平均的资本结构调整速度。

为了研究预算软约束对资本结构调整速度的影响,我们在上述模型中加入了衡量预算软约束水平的变量 SBC,得到如下模型:

$$Lev = (1-\delta)SqLev + \gamma SBC + \theta SqLev \times SBC + \delta Lev^* + \varepsilon \tag{3}$$

其中,SBC 为企业面临的预算软约束程度,用企业当年的利息支出占年初负债总额的比例减去该比例的行业平均值来衡量。这一方法来自林毅夫、刘明兴和章奇(2004)。他们认为,同等情况下,同行业内的不同企业,其利息占负债的比重应该大致相同。如果对某企业来说,该比例过小,则可能是该企业对同一笔贷款无力还本付息的结果,它可能面临预算软约束;否则,在硬约束条件下,企业要么按时归还贷款,要么破产清算。因此,SBC 值越大,表示预算软约束程度越小;反之,预算软约束程度越大。$SqLev \times SBC$ 为 $SqLev$ 和 SBC 的交互项。此时,资本结构的调整速度即可表示为 $v = \delta - \theta$。根据研究假说,SBC 的值越大,资本结构的调整速度越大,即 v 随着 SBC 的增加而增大,因此,我们预计交互项的系数 θ 应该显著为负。

最后,将(1)式代入(3)式,用企业特征变量来表示目标资本结构 Lev^*,得到如下的检验模型:

$$Lev = \beta_0 + (1-\delta)SqLev + \gamma SBC + \theta SqLev \times SBC + \beta_1 Size + \beta_2 ROA \quad (4)$$
$$+ \beta_3 Tang + \beta_4 Growth + \beta_5 Dep + \beta_6 Ind\text{-}Avg\text{-}Lev + \omega + \varepsilon$$

为了检验预算软约束程度如何影响实际资本结构对目标资本结构的偏离程度,我们建立了如下的偏离度检验模型:

$$Dis = \beta_0 + \varphi SBC + \beta_1 Size + \beta_2 ROA + \beta_3 Tang + \beta_4 Growth \quad (5)$$
$$+ \beta_5 Dep + \beta_6 Ind\text{-}Avg\text{-}Lev + \omega + \varepsilon$$

其中,$Dis = Lev - Lev^*$,表示企业某年度的实际资本结构对目标资本结构的偏离程度。该变量为正,说明企业实际负债比率超过了目标负债比率,资本结构应向下调整;为负则低于目标负债比率,应向上调整。我们首先以 Dis 的绝对值为被解释变量运行上述回归模型,用以检验本章的研究假说;在稳健性检验部分,我们又将全样本按 Dis 为正和为负分为两个子样本,以 Dis 值为被解释变量进行了回归,发现结论没有改变。模型(5)中其余变量的含义与模型(4)中相同。

此外,在回归过程中,除了采用 OLS 回归来估计目标资本结构,我们还借鉴 Flannery 和 Rangan(2006)、Cook 和 Tang(2010)等的研究,利用面板数据对目标资本结构进行了估计。我们发现,在 OLS 回归、固定效应和随机效应 3 种方法下得到的结论基本一致。

7.3.2 样本与描述统计

本章以 1998—2010 年间沪、深两市的 A 股国有上市企业为研究样本,并且在此基础上剔除了所有金融行业的样本及有关变量缺失的样本,最终得到有效样本 8 675 个。本章所使用的企业年度利息支出数据来源于 Wind 咨询金融终端,其余财务数据均来源于 CCER 数据库。为了剔除异常值的影响,我们对连续变量在 1‰水平上进行了 Winsorize 处理。

表 7-1 报告了模型中各变量的描述统计结果。Lev 的均值和中位数分别为 0.516 0 和 0.499 4,说明样本企业的整体负债水平较为合理;最大值和最小值分别为 2.244 1 和 0.090 1,标准差为 0.318 5,说明负债水平在不同企业间的分布较为分散。SBC 的均值和中位数分别为 -0.001 3 和 -0.001 6,说明大多数国有企业的预算软约束程度高于行业平均水平。表

示行业平均资本结构的变量 *Ind-Avg-Lev* 的均值和中位数分别为 0. 662 3 和 0. 698 2,高于 *Lev* 的 0. 516 0 和 0. 499 4,表明国有企业的整体负债水平 要低于非国有企业;*Ind-Avg-Lev* 的最大值和最小值分别为 0. 698 2 和 0. 426 5,说明不同行业的负债水平差异较大。企业盈利能力(*ROA*)的均 值和中位数分别为 0. 025 6 和 0. 029 3,最小值为−0. 334 5,表明样本中亏 损的企业较多。此外,企业的成长性(*Growth*)、有形资产比例(*Tang*)以及 非债务税盾(*Dep*)等在不同企业间也存在较大差异。

表 7-1　　　　　　　　　　　描述统计

	平均值	标准差	最大值	中位数	最小值
Lev	0. 516 0	0. 318 5	2. 244 1	0. 499 4	0. 090 1
SBC	−0. 001 3	0. 017 4	0. 059 2	−0. 001 6	−0. 032 6
Size	21. 443 2	1. 114 4	24. 824 5	21. 306 6	18. 831 4
ROA	0. 025 6	0. 065 9	0. 204 0	0. 029 3	−0. 334 5
Tang	0. 384 1	0. 217 3	0. 846 2	0. 396 1	0. 001 2
Growth	0. 192 2	0. 477 1	3. 378 8	0. 116 0	−0. 777 4
Dep	0. 109 5	0. 124 3	0. 550 2	0. 075 5	0. 000 0
Ind-Avg-Lev	0. 662 3	0. 124 2	0. 771 5	0. 698 2	0. 426 5

　　表 7-2 报告了模型中各变量之间的相关系数。表示预算软约束水平 的变量 *SBC* 和 *Lev* 的相关系数显著为正,表明预算软约束程度越小的企 业资产负债率越高。企业规模(*Size*)和企业成长性(*Growth*)与 *Lev* 的相 关系数均显著为正,表明规模较大、成长性较高的企业拥有更高的负债 率。企业盈利能力(*ROA*)及非债务税盾(*Dep*)均与 *Lev* 显著负相关,说 明企业的盈利能力越强、非债务税盾越高,其负债率越低。企业的有形资 产比例(*Tang*)与 *Lev* 之间的相关性并不显著。另外,各控制变量之间的 相关系数不是很高,在一定程度上表明它们之间不存在严重的多重共线 性问题。

7.4　回　归　结　果

　　表 7-3 报告了模型(4)的回归结果,被解释变量为企业当年的资本结 构 *Lev*。在该模型中,我们主要关注企业上年资本结构与预算软约束变量 的交互项 *SqLev*×*SBC* 的系数。其中第(1)列报告了 OLS 的回归结果。

表7-2

Pearson(Spearman)相关系数

	Lev	SBC	Size	ROA	Tang	Growth	Dep	Ind-Avg-Lev
Lev		0.120 8***	0.004 8	−0.348 6***	0.001 4	−0.011 0	−0.034 5***	0.075 1***
SBC	0.236 9***		−0.053 8***	−0.178 7***	0.011 4	0.096 6***	−0.006 6	0.020 9**
Size	0.228 7***	−0.056 5***		0.199 9***	−0.131 2***	0.080 1***	−0.115 9***	−0.142 0***
ROA	−0.398 8***	−0.202 9***	0.133 8***		−0.058 4***	0.244 7***	−0.047 1***	−0.099 0***
Tang	0.009 1	0.022 2**	−0.108 3***	−0.051 9***		0.111 04	0.594 3***	0.011 2
Growth	0.024 2**	0.010 8	0.130 7***	0.295 0***	0.111 0***		−0.012 7	−0.000 5
Dep	−0.194 2***	0.030 0***	−0.291 9***	−0.042 6***	0.679 5***	0.047 2***		−0.083 2***
Ind-Avg-Lev	0.043 4***	0.032 4**	−0.094 6***	−0.092 7***	0.049 5***	−0.019 3*	−0.001 6	

注:Lev=年末总负债/年末总资产;SBC=(本年利息支出/年初总负债)−行业平均值;Size=ln(年末营业收入);ROA=本年净利润/年末总资产;Tang=(年末存货+年末固定资产净额)/年末总资产;Growth=(本年营业收入−上年营业收入)/上年营业收入;Dep=本年固定资产折旧/年末总资产;Ind-Avg-Lev=资本结构的行业平均值。

结果显示,$SqLev×SBC$ 的回归系数显著为负,说明 SBC 的值越大,资本结构的调整速度 $v(v=\delta-\theta)$ 越大,也即预算软约束程度越大,资本结构的调整速度越慢,与我们的预期相符,支持了研究假说。模型中各控制变量的回归结果也较为合理:变量 $Size$ 的回归系数显著为负,ROA 和 Dep 的回归系数显著为正,说明规模越大、盈利能力越小、非债务税盾越低的企业,其负债水平越高;其余变量的回归结果不显著。这一结果与 Flannery 和 Rangan(2006)及姜付秀和黄继承(2011)的研究结果一致。

　　表 7-3 的第(2)和第(3)两列报告了采用面板数据的回归结果。其中第(2)列为固定效应的回归结果,第(3)列为随机效应的回归结果。从中可以看出,交互项 $SqLev×SBC$ 的估计系数均显著为负,与之前的结论一致,表明我们的结论是较为稳健的。控制变量的回归结果也与 OLS 模型中基本相同。

表 7-3　　　　　　　　　　　　　　　　回归结果

	(1)OLS	(2)固定效应	(3)随机效应
$Intercept$	−0.075 7(−2.11) **	0.352 6(3.52) ***	0.013 7(0.28)
$SqLev$	0.893 1(142.46) ***	0.731 5(84.07) ***	0.835 9(118.52) ***
SBC	1.956 4(13.75) ***	1.909 1(12.64) ***	1.919 6(13.38) ***
$SqLev×SBC$	−2.738 0(−9.69) ***	−2.198 2(−7.2) ***	−2.375 5(−8.24) ***
$Size$	0.009 4(6.38) ***	−0.006 4(−1.65) *	0.006 7(3.35) ***
ROA	−1.193 3(−61.95) ***	−1.210 3(−58.2) ***	−1.244 0(−64.42) ***
$Tang$	0.000 5(0.05)	0.008 2(0.60)	0.002 5(0.22)
$Growth$	−0.000 4(−0.77)	0.000 5(0.96)	0.000 0(−0.01)
Dep	−0.029 1(−2.02) **	−0.052 6(−2.41) **	−0.041 8(−2.42) **
$Ind\text{-}Avg\text{-}Lev$	−0.041 3(−2.51) **	−0.030 6(−0.37)	−0.036 4(−1.49)
Year effects	Controlled	Controlled	Controlled
$Adj\text{-}R\text{-}Square$	0.807 9	0.799 3	0.807
$F\text{-}Value/Chi\text{-}Square$	1 824.88 ***	621.17 ***	24 298.29 ***
$Observations$	8 675	8 675	8 675

注:被解释变量为 Lev;Lev=年末总负债/年末总资产;$SqLev$=上年度 Lev;SBC=(本年利息支出/年初总负债)−行业平均值;$SqLev×SBC=SqLev$ 和 SBC 的交互项;$Size$=ln(年末总资产);ROA=本年净利润/年末总资产;$Tang$=(年末存货+年末固定资产净额)/年末总资产;$Growth$=(本年营业收入−上年营业收入)/上年营业收入;Dep=本年固定资产折旧/年末总资产;$Ind\text{-}Avg\text{-}Lev$=资本结构的行业平均值。

表 7-4 报告了模型(5)的回归结果。其中被解释变量为资本结构偏离度(*Dis*)的绝对值。第(1)至第(3)列分别列示了 OLS 模型、固定效应和随机效应模型的回归结果。在 3 个回归结果中,变量 *SBC* 的估计系数均显著为负,说明 *SBC* 的值越小,实际资本结构对目标的偏离程度越大,即预算软约束程度较大时,会导致实际资本结构偏离目标资本结构的程度变大,与假说相符。从控制变量的结果来看,除了非债务税盾(*Dep*)的估计系数变为正向之外,其余变量的回归结果与模型(4)中基本一致。

表 7-4   回归结果

	(1)OLS	(2)固定效应	(3)随机效应
Intercept	−2.342 7(−17.39)***	0.562 6(2.09)**	0.763 4(−3.81)***
SBC	−2.070 8(−7.17)***	−1.068 4(−4.44)***	−1.395 8(−5.96)***
Size	0.146 7(26.57)***	0.022 5(2.16)**	0.079 5(9.91)***
ROA	−1.043 0(−14.82)***	−0.538 7(−9.80)***	−0.606 6(−11.24)***
Tang	−0.114 7(−3.07)***	0.027 2(0.75)	−0.015 3(−0.44)
Growth	0.009 9(4.97)***	0.000 4(0.24)	0.001 8(1.25)
Dep	0.440 2(8.10)***	0.050 9(0.87)	0.162 0(2.94)***
Ind-Avg-Lev	−0.057 1(−0.93)	−0.442 0(−2.00)**	−0.259 8(−2.17)**
Year effects	Controlled	Controlled	Controlled
Adj-R-Square	0.143 2	0.088 0	0.132 9
F-Value/Chi-Square	81.52***	44.32***	979.83***
Observations	8 675	8 675	8 675

注:被解释变量为 *Dis*;*Dis*=年末资本结构−目标资本结构;*SBC*=(本年利息支出/年初总负债)−行业平均值;*Size*=ln(年末总资产);*ROA*=本年净利润/年末总资产;*Tang*=(年末存货+年末固定资产净额)/年末总资产;*Growth*=(本年营业收入−上年营业收入)/上年营业收入;*Dep*=本年固定资产折旧/年末总资产;*Ind-Avg-Lev*=资本结构的行业平均值。

7.5 稳健性检验

为了确保本章结论的可靠性,我们进一步从如下一些角度进行了稳健性检验:

1) 我们采用变化模型(Change Model)进行了检验,方法是将上述模型(4)和模型(5)中的水平指标 *SBC* 替换为 Δ*SBC*。变量 Δ*SBC* 等于本年度 *SBC* 与上年之差,表示预算软约束水平的变化量。

表 7-5 报告了变化模型对预算软约束与资本结构调整速度之间关系的检验结果。列(1)、列(2)、列(3)分别为采用 OLS、固定效应和随机效应模型的回归结果,被解释变量均为企业当年的资本结构 Lev。结果显示,交互项 SqLev×ΔSBC 的估计系数均显著为负,与水平模型的回归结果一致。这表明,企业面临的预算软约束程度越高,资本结构向目标资本结构的调整速度越小,这一结论是较为稳健和可靠的,进一步支持了本章的研究假说。

表 7-5 　　　　　　　　　　　稳健性检验

	(1)OLS	(2)固定效应	(3)随机效应
Intercept	−0.161 9(−3.94)***	0.071 7(0.60)	−0.090 8(−1.56)
SqLev	0.921 2(143.06)***	0.683 9(71.12)***	0.844 8(111.17)***
ΔSBC	2.163 2(13.97)***	1.086 8(7.21)***	1.875 7(12.57)***
SqLev×ΔSBC	−2.689 5(−9.71)***	−0.694 4(−2.48)**	−2.225 6(−8.20)***
Size	0.012 7(7.51)***	0.005 8(1.27)	0.010 7(4.49)***
ROA	−1.293 6(−61.29)***	−1.246 3(−54.91)***	−1.352 9(−63.73)***
Tang	0.008 5(0.74)	0.025 9(1.66)*	0.014 2(1.07)
Growth	−0.001 0(−1.74)*	0.000 8(1.42)	−0.000 3(−0.48)
Dep	−0.013 4(−0.82)	−0.047 6(−1.95)*	−0.039 2(−1.98)**
Ind-Avg-Lev	−0.038 4(−2.02)**	0.029 7(0.30)	−0.016 0(−0.55)
Year effects	Controlled	Controlled	Controlled
Adj-R-Square	0.815 5	0.805 6	0.814 3
F-Value/Chi-Square	1 651.71***	424.40***	18 824.65***
Observations	7 095	7 095	7 095

注:被解释变量为 Lev;Lev=年末总负债/年末总资产;SqLev=上年度 Lev;SBC=(本年利息支出/年初总负债)−行业平均值;ΔSBC=本年度 SBC−上年度 SBC;SqLev×ΔSBC=SqLev 和 ΔSBC 的交互项;Size=ln(年末总资产);ROA=本年净利润/年末总资产;Tang=(年末存货+年末固定资产净额)/年末总资产;Growth=(本年营业收入−上年营业收入)/上年营业收入;Dep=本年固定资产折旧/年末总资产;Ind-Avg-Lev=资本结构的行业平均值。

表 7-6 报告了利用变化模型对预算软约束与资本结构偏离度之间关系的实证检验结果,其中被解释变量为 Dis 的绝对值。结果显示,在 OLS、固定效应和随机效应 3 种处理方法下,变量 ΔSBC 的估计系数均显著为负,与水平模型的回归结果一致,表明预算软约束程度越高,企业的实际资本结构对目标资本结构的偏离度更大,也支持了本章的研究假说。

表 7-6   稳健性检验

	(1)OLS	(2)固定效应	(3)随机效应
Intercept	−1.987 8(−13.26) ***	0.411 5(1.31)	0.541 3(−2.41) **
Δ*SBC*	−1.137 3(−3.69) ***	−0.390 3(−1.91) *	−0.515 2(−2.52) **
Size	0.131 7(21.35) ***	0.017 4(1.44)	0.067 0(7.41) ***
ROA	−1.076 7(−14.20) ***	−0.543 8(−9.22) ***	−0.623 2(−10.82) ***
Tang	−0.121 8(−2.90) ***	0.078 5(1.91) *	0.022 5(0.58)
Growth	0.007 6(3.70) ***	−0.001 2(−0.79)	0.000 0(−0.02)
Dep	0.468 4(7.86) ***	0.004 9(0.08)	0.128 4(2.14) **
Ind-Avg-Lev	−0.094 2(−1.36)	−0.028 2(−0.11)	−0.165 6(−1.25)
Year effects	Controlled	Controlled	Controlled
Adj-R-Square	0.134 0	0.083 3	0.122 1
F-Value/Chi-Square	65.56 ***	44.00 ***	881.56 ***
Observations	7 095	7 095	7 095

注:被解释变量为 *Dis*;*Dis*=年末资本结构−目标资本结构;Δ*SBC*=本年度 *SBC*−上年度 *SBC*;*Size*=ln(年末总资产);*ROA*=本年净利润/年末总资产;*Tang*=(年末存货+年末固定资产净额)/年末总资产;*Growth*=(本年营业收入−上年营业收入)/上年营业收入;*Dep*=本年固定资产折旧/年末总资产;*Ind-Avg-Lev*=资本结构的行业平均值。

2) 我们将 *Dis* 分为 3 段,两个分界点分别为 *Dis* 的四分位数下限和四分位数上限,从而新设一个哑变量 *High-Dis*,该变量用来表示实际资本结构是否对目标资本结构有较大的偏离。若 *Dis* 的值小于其四分位数下限,或大于其四分位数上限,则 *High-Dis* 值为 1,表示偏离较大;反之为 0,表示偏离较小。我们以 *High-Dis* 为被解释变量,代替模型(5)中的 *Lev* 进行了 Logistic 回归分析,结果列示于表 7-7。回归结果显示,变量 *SBC* 的估计系数显著为负,说明预算软约束程度越大,资本结构对目标的偏离度更大。结论支持了假说,且与之前的检验结论相一致。

表 7-7   稳健性检验

	Coefficient	Chi-Square
Intercept	−9.405 1	(282.17) ***
SBC	−2.159 1	(3.57) *
Size	0.440 6	(351.84) ***
ROA	−2.035 5	(44.07) ***
Tang	−0.211 6	(2.07)

（续表）

	Coefficient	Chi-Square
Growth	0.023 3	(4.41)**
Dep	0.545 1	(6.44)**
Ind-Avg-Lev	0.128 5	(0.28)
Year effects	Controlled	
Adj-R-Square	0.068 5	
Likelihood Ratio	615.411 3***	
Observations	8 675	

注：被解释变量为 *High-Dis*；若 *Dis*＜*Dis* 四分位数下限或 *Dis*＞*Dis* 四分位数上限，则 *High-Dis*＝1，反之 *High-Dis*＝0；*SBC*＝（本年利息支出/年初总负债）－行业平均值；*Size*＝ln（年末总资产）；*ROA*＝本年净利润/年末总资产；*Tang*＝（年末存货＋年末固定资产净额）/年末总资产；*Growth*＝（本年营业收入－上年营业收入）/上年营业收入；*Dep*＝本年固定资产折旧/年末总资产；*Ind-Avg-Lev*＝资本结构的行业平均值。

3）为了进一步验证偏离度模型的稳健性，我们将全样本按 *Dis* 为正和为负分为两个子样本，以 *Dis* 为被解释变量进行了回归。在 *Dis* 大于 0 的样本中，企业实际负债比率都超过了其目标负债比率，资本结构预期应向下调整。根据假说，我们预计 *SBC* 的估计系数显著为负，它表明预算软约束程度越大，实际资本结构超过目标的偏离度越大，即较高的预算软约束水平会阻碍企业降低负债以进行向下的资本结构调整。

在 *Dis* 小于 0 的样本中，企业的实际负债比率均小于其目标负债比率，资本结构应该向上调整。根据假说，变量 *SBC* 的估计系数应该显著为正，它表明预算软约束程度越大，实际资本结构低于目标的偏离程度越大，也即预算软约束较高时同样会阻碍企业进行向上的资本结构调整。

回归结果显示，变量 *SBC* 的估计系数在偏离度大于 0 的样本中显著为负，在偏离度小于 0 的样本中显著为正，符合预期，且与前面的结论一致，表明之前的结论较为稳健，进一步支持了研究假说。限于篇幅，我们没有报告该部分的稳健性检验结果。

综合上述稳健性检验结果，我们认为，本章的结论是较为稳健和可靠的。

7.6　结　　论

国有企业的低效性一直以来都为学术界所诟病。它们获得了更多的信贷资金等稀缺资源,但并未对它们加以高效利用。从福利经济学角度来看,国有企业的这种低效性所导致的社会资源的浪费将使得整个社会的福利水平下滑。因此,有必要研究导致国有企业低效性的原因以及其背后的机理,从而有助于我们针对性地加以改进,提高国民经济运行的效率。本章立足于中国特定的制度环境,从预算软约束与资本结构动态调整之间关系的角度,研究了导致国有企业未高效利用资源的具体原因和经济后果。

采用中国上市公司数据,本章直接检验了国有企业面临的预算软约束程度对它们的资本结构的调整速度和偏离目标资本结构程度的影响。研究结果表明,国有企业的预算软约束程度越大,它们的资本结构调整速度越慢,实际资本结构对目标的偏离程度也越大。我们从多个角度进行了稳健性检验,发现结论保持不变。这一结论表明,预算软约束的存在,导致国有企业改善资本结构的动力较弱,因而阻碍了它们采取积极的资本结构调整措施。这一结果意味着,预算软约束是导致国有企业未能高效利用资本资源的重要原因,具有严重的经济后果。

本章的研究丰富了资本结构动态调整以及企业产权领域的文献。同时,本章的研究结果也具有重要的政策含义:要想提高国有企业的资源使用效率,提高国有企业改革的效率,最根本的政策可能在于减少制度层面的障碍。

第 8 章

政府干预与企业投资

8.1 引　言

　　由于产权安排上的不同,国有企业和民营企业在许多重要方面都表现出极大差异,关于这些差异的表现形式及其经济后果等问题受到学术界的广泛关注。大量文献研究了这两类企业在融资、治理结构、信息质量、政企关系以及企业价值(业绩)等方面的差异,但较少有文献从实证角度研究它们在投资上的差异。投资是影响企业价值的重要途径(Jensen, 1993; Abarbanell and Bushee, 1997; Titman et al., 2004; Baker et al., 2003),因此,如果国有企业和民营企业在投资行为方面存在重大差异,必然会导致它们在企业价值方面出现重大差异,这必将有助于我们理解国有股权和私有股权经营效率差异背后的真正原因。

　　近年来,有少量文献实证研究了国有企业和民营企业在投资行为方面的差异问题(张翼和李辰,2005;罗琦、肖文翀和夏新平,2007;辛清泉、林斌和王彦超,2007;辛清泉、郑国坚和杨德明,2007;柳建华,2006;辛清泉和林斌,2006)。这些文献从不同角度探讨了国有企业和民营企业在投资行为方面的差异及可能的原因,但它们都没有考察公司业绩对投资行为的影响,以及这种影响在国有企业和民营企业间的差异问题。然而,现有文献的研究结果表明,业绩会显著影响企业的投资行为。例如,当企业的经营业绩大幅度下滑时,企业既会采取出售资产等形式的收缩战略,也会采取并购、新增投资等形式的扩张战略(Kang and Shivdasani, 1997; Denis and Kruse, 2000; Berger and Ofek, 1999;戴德明和邓璠,2007)。因此,如果不区分企业的业绩状况,可能会得到有偏的结论;其次,从公司业绩角度进行考察,便于我们更好地比较国有企业和民营企业在投资行为上的差异。业绩的好坏在一定程度上能够刻画企业所面临的不确定性程度,而不确定性程度又会影响企业的投资行为(Leahy and Whited, 1996; Birch and

Siebert，1976)，特别是当管理者的风险偏好存在差异时，这种影响会有所不同(May，1995)。对于国有企业和民营企业的管理者来说，在企业不同的业绩状态下，他们的风险偏好可能会存在差异，而这种差异又会导致企业的投资行为出现差异。

本章运用中国制造业上市公司 1999 年至 2008 年的数据，研究了国有企业和民营企业在面临亏损和盈利时的投资行为及其差异。研究结果表明，国有企业和民营企业都存在过度投资倾向，但在表现形式上具有较大差异：国有企业在盈利状态时更容易过度投资，在亏损状态时投资更加保守；民营企业正好相反，在亏损状态时更容易过度投资，但未发现它们在盈利状态时更容易过度投资；盈利国有企业和亏损民营企业的过度投资均对企业价值产生了负面影响。

本章从公司业绩的角度研究了国有企业和民营企业在投资行为方面的差异，从一个具体的影响途径上检验了产权对企业价值的影响，因而它不仅可以丰富产权与企业价值关系方面的研究，而且可以丰富企业投资方面的研究。本章的实证研究结果表明，在不同的业绩状态下，国有企业和民营企业表现出不同的过度投资倾向，国有企业并非在任何情况下都会过度投资，民营企业也并非在任何情况下都不会过度投资，从而有助于澄清人们关于国有企业和民营企业投资行为的模糊认识。

本章以下的内容安排如下：第二部分是文献回顾；第三部分是研究假说；第四部分是检验模型；第五部分是研究样本与描述统计；第六部分是实证结果；最后是本章的研究结论。

8.2 文 献 回 顾

如何将资源分配给正确的投资项目是公司财务的一个基本问题(Stein，2003)。根据 MM(1958)定理，在一个完美的市场上，企业的投资只和投资机会的盈利性有关，因此企业的资源将流向高盈利性的投资项目，直到所有投资项目的边际产出相等而达到均衡为止。但现实中却不存在这样的完美市场；相反，我们往往面临的是有摩擦的市场，在这样的市场上，存在各种力量将企业的投资推离正常轨道，而使之呈现出所谓的异化现象，比较典型的表现形式是过度投资和投资不足。学者们提出了很多理论来解释这种异化的投资行为，如委托—代理理论(Jensen，1986)、信息不对称理论(Myers and Majluf，1984)、管理者过度自信理论(Roll，1986)、羊群理论(Scharfstein and Stein，1990)等。

　　大量的实证研究文献从不同的角度对上述理论进行了验证(Shleifer and Vishny，1989；Lang et al.，1996；Narayanan，1985；Loughran and Ritter，1997；Gale and Hellwig，1985；Malmendler and Tate，2005；Brown and Sarma，2006)。但上述文献普遍都采用企业投资行为的市场反应等间接方法来衡量企业的过度投资和投资不足，从而影响了结论的可靠性。Richardson(2006)采用拟合模型的方法，估计出企业过度投资的程度，直接验证了代理问题所导致的过度投资问题。Biddle 等(2009)采用类似的方法，检验了会计信息质量对投资异化的影响，发现高质量会计信息有助于降低投资的异化程度。

　　近些年来，国内的不少学者利用中国的数据，从不同角度研究了我国上市公司的过度投资或投资不足问题。不少文献都发现，我国的企业普遍都存在代理问题所造成的过度投资现象，对于存在融资约束的企业来说，过度投资问题更严重(王彦超，2009)，而有效的公司治理机制和债务安排有助于缓解这一问题(刘昌国，2006；张栋、杨淑娥和杨红，2008；李维安和姜涛，2007；唐雪松和郭建强，2007)。姜付秀等(2009)则发现，管理者的背景特征会对企业的过度投资行为产生显著影响。

　　在我国，国有企业和民营企业的产权差异决定了它们在很多方面都存在重大差异，包括投资行为的差异。因此，有些文献区分这两类性质的企业分别进行了研究。程仲鸣、夏新平和余明桂(2008)、张洪辉和王宗军(2010)以国有上市公司为研究样本，均发现政府干预会导致国有企业进行过度投资。魏明海和柳建华(2007)也以国有上市公司为研究样本，发现上市公司的低现金流导致了企业的过度投资。

　　有部分文献将国有企业和民营企业的投资行为进行了对比分析。张翼和李辰(2005)发现地方国有企业存在自由现金流所导致的过度投资，而其他类型的企业不存在这一问题。罗琦、肖文翀和夏新平(2007)发现，民营企业以及规模较大的地方国有企业都存在过度投资问题，而且现金持有量越多，过度投资程度越大。辛清泉、林斌和王彦超(2007)考察了不同企业中管理者薪酬与资本投资之间的关系，发现在国有资产管理机构控制的企业及地方国企中，存在因薪酬契约失效导致的过度投资现象，而在其他企业中不存在这一问题。辛清泉、郑国坚和杨德明(2007)的研究发现，企业集团有助于促进企业的投资效率，但对于地方政府控制的上市公司来说，企业集团的这种作用效果最差。柳建华(2006)、辛清泉和林斌(2006)

都研究了不同性质的企业中负债与投资之间的关系,均发现在国有企业中负债对过度投资的抑制作用最差。

上述文献从不同的角度研究了企业过度投资行为的原因与后果,尤其是部分文献区分国有企业和民营企业进行了对比研究,极大地丰富了企业投资及国有股权的经济后果方面的文献。但正如我们在前文已经指出的,它们普遍都没有考虑公司业绩的影响问题,而本章对此进行了有益的补充。

8.3 研 究 假 说

由于产权安排上的不同,国有企业和民营企业的决策者或管理层在风险偏好方面会存在差异,进而导致它们的投资行为表现出较大差异。具体分析如下:

对国有企业来说,特定的产权结构和产权特征决定了它们存在复杂的委托—代理关系(Shaprio and Willig, 1990)。虽然从法理上来说,国有企业的所有者是全体人民,但很显然,这一主体是缺失的,在此背景下,政府或政府的下属机构便担当起"代理股东"的角色,造成了国有企业过长的代理链条,弱化对国有企业管理层的监督机制。在缺乏合适的激励机制的情况下,管理者的自利行为会极为突出。基于"理性经济人"假说,我们可以推测,国有企业的管理者在进行投资决策时,会首先衡量投资失败给自己带来的损失与投资成功给自己带来的收益孰大孰小,当损失大于收益时会选择不投资;反之,当收益大于损失时会选择投资。

当企业处于亏损状态时,投资失败给管理者造成的损失要高于投资成功带来的收益。这是因为,如果投资失败,企业的财务状况会持续恶化,管理者可能会因此而丢掉工作,甚至是仕途[①];而如果投资成功,最大的受益者是股东。因此,出于规避风险的考虑,他们会选择不投资,特别是当企业的投资行为不容易被股东观察到时,这种情况更容易发生(Stein, 1989)。当企业处于盈利状态时,投资失败给管理者造成的损失要低于投资成功带来的收益。这是因为,在企业盈利的情况下,即使投资失败对企业业绩产生了负面影响,也只会表现为企业业绩的正常波动,管理者因此而受到严

---

① 从本质上讲,国有企业在一定程度上仍然属于政府下属部门,其管理者也会面临政府的考核,业绩突出的管理者往往会被提拔到政府部门任职。

厉处罚的可能性较小;如果投资成功,企业将持续保持良好业绩,管理者有可能获得物质奖励或晋升奖励。因此,他们会偏好风险,从而选择投资。据此,我们可以预计,盈利国有企业的投资较激进;而亏损国有企业的投资较为保守。

对民营企业来说,管理者与股东之间的代理问题要弱于国有企业。一项针对浙江民营企业的调查结果显示,个人和家族控股仍然是民营企业股权结构的重要特征(姜明伦,2007a)。类似的调查结果还显示,70%的民营企业的总经理是企业所有者、财务、人事、采购等重要部门的主管一般是家族成员(姜明伦,2007b)。上述调查结果表明,在多数情况下,民营企业的所有者与管理者几乎是合一的,因此,他们之间的代理问题相对较弱,管理者往往会以股东利益最大化作为经营目标。当企业处于亏损状态时,管理者会成为风险偏好者,而选择扩大企业的投资规模。这是因为,如果"冒险"成功,企业可能会扭亏为盈;而如果不"冒险",则只能继续亏损,这对于企业的长远发展来说是不利的。相反地,当企业处于盈利状态时,企业和管理者面临的压力均较小,容易成为风险规避者,选择比较稳健的投资策略。据此,我们可以预计,亏损民营企业的投资较激进;而盈利民营企业的投资较为保守。

根据上述分析,我们提出如下假说:

假说1:对民营企业来说,亏损企业会比盈利企业的投资更为激进;对国有企业来说,盈利企业会比亏损企业的投资更为激进。

投资质量的高低直接决定着企业的成败,因此,投资者会加以高度关注。许多研究结果表明,企业的投资行为会影响企业价值。例如,McConnel 和 Muscarella(1985)发现,当企业计划内的投资支出增加时,企业的股价上升;计划内的投资支出减少时,股价下跌。Baker 等(2003)发现,对那些融资约束严重的企业来说,股价和投资规模显著负相关。Chan 等(1990)发现,高科技企业的投资增加时,股价上升;而非高科技企业的投资增加时,股价却下跌。上述这些研究都表明,投资者能够识别不同特征企业的不同投资行为,从而对企业的市场价值产生影响。

当企业过度投资时,表明企业投资了 NPV 小于零的项目;当企业投资不足时,表明企业放弃了 NPV 大于零的项目(Jensen,1986),因而会对企业价值产生负面影响。Jensen(1993)发现,由于企业的过度投资行为,使得25%以上的样本公司的市场价值与企业的资本支出、研发费用之间呈负相关关系。Titman 等(2004)发现,企业的资本支出和市场收益之间具有显著的负相关关系,对于那些过度投资的公司(拥有高额现金流、低负债率的公司)来说,负相关的程度更大。Yang(2005)在控制现有资产的盈利能力后,发现过度投资和投资不足公司的业绩都显著下降。因此,我们预计,过度投资和投资不足程度越大,企业价值会越低。

根据假说1,相对于盈利民营企业来说,亏损民营企业更容易过度投资;相对于亏损国有企业来说,盈利国有企业更容易过度投资。因此,我们可以预计,亏损民营企业的投资对企业价值的负面影响程度要显著大于盈利民营企业;盈利国有企业的投资对企业价值的负面影响要显著大于亏损国有企业。根据上述分析,我们提出如下假说:

假说2:亏损民营企业的投资对企业价值的负面影响程度要显著大于盈利民营企业;盈利国有企业的投资对企业价值的负面影响要显著大于亏损国有企业。

8.4 检 验 模 型

8.4.1 企业投资变量的界定

企业投资是本章的一个主要变量,因此我们首先对其进行界定。现有文献在研究企业的投资行为时,一般采用原始的投资额来衡量企业的投资倾向,这种衡量方法的一个重大缺陷在于它无法反映企业投资的"度",因而难以准确衡量企业的投资倾向。因此,本章借鉴现有文献的做法,采用过度投资和投资不足指标来衡量企业的投资倾向。如果投资额高于理想的投资额,则为过度投资;如果投资额低于理想的投资额,则为投资不足。借鉴 Richardson(2006)、Biddle 等(2009)、辛清泉、林斌和王彦超(2007)的做法,我们采用如下模型来估计该指标:

$$Newinvt = \beta_0 + \beta_1 Growth + \beta_2 Lev + \beta_3 Cash + \beta_4 Age \\ + \beta_5 Size + \beta_6 Return + \beta_7 Newinvtlag + \tau \qquad (1)$$

$Newinvt$ 表示企业当年的新增投资,与 Richardson(2006)、Biddle 等(2009)的做法一致,我们将其定义为:

$$Newinvt = 资本支出 + 并购支出 - 出售长期资产收入 - 折旧$$

其中,资本支出为现金流量表中的"构建固定资产、无形资产及其他长期资产的支出";并购支出为现金流量表中的"购买或处置子(分)公司的支出";出售长期资产收入为现金流量表中的"处置固定资产、无形资产和其他长期资产而收回的现金",折旧为当期的折旧费用。我们用年初总资产对 *Newinvt* 进行了标准化处理。*Growth* 表示企业的成长性,用主营业务收入的增长率表示。*Lev* 表示负债比率,用期初的总负债与总资产之比表示。*Cash* 表示企业的现金持有量,用期初的货币资金与短期投资之和表示,用总资产进行了标准化。*Age* 表示企业上市年限。*Size* 表示企业规模,用期初总资产的自然对数表示。*Return* 表示企业的股票回报,用上期年度股票回报率表示。*Newinvtlag* 表示上期的新增投资。

我们对模型(1)进行分年度回归,得到残差值,残差大于 0 表示过度投资;小于 0 表示投资不足。与辛清泉、林斌和王彦超(2007)的做法一致,为了便于理解,我们对残差取绝对值,用 *Invest* 表示。这样,*Invest* 越大,表明过度投资程度越大(残差大于 0 时)或投资不足程度越大(残差小于 0 时)。

8.4.2　回归模型

为了检验假说 1,我们运行如下的 OLS 回归模型:

$$Invest = \alpha_0 + \alpha_1 CF + \alpha_2 CF \times Loss + \alpha_3 Loss + \alpha_4 Board + \alpha_5 Top1 \\ + \alpha_6 Mhold + \alpha_7 Meet + \alpha_8 ROE + \varepsilon \quad (2)$$

在上述回归模型中,*Invest* 为企业投资变量,包括过度投资和投资不足两种情况。在回归分析时,我们将样本区分为过度投资样本和投资不足样本分别进行回归。*CF* 为本期经营现金流,用总资产进行了标准化。*Loss* 为是否亏损哑变量,如果样本公司上期的净利润小于 0,取值为 1;否则取值为 0。本章主要考察上述两个变量的交互项 *CF×Loss*,研究企业的业绩状态是否会显著影响企业的"投资—现金流"敏感性。对于过度投资企业来说,如果该交互项的回归系数显著为正,则表明每增加一单位的现金流,亏损企业的过度投资程度要显著大于盈利企业;对于投资不足企业来说,如果该交互项的回归系数显著为正,则表明每增加一单位的现金流,亏损企业的投资不足程度要显著大于盈利企业。

借鉴 Richardson(2006),我们在模型中控制了一些公司治理变量。*Board* 为董事会规模,用董事会总人数衡量。现有研究表明,董事会规模对企业具有显著影响,但有研究发现董事会规模越大,企业价值越高(Denis and Sarin,1999);也有研究发现,董事会规模越小,企业价值越高

(Yermack, 1995)。因此,难以确定董事会规模对企业过度投资和投资不足的影响方向。$Top1$ 为股权集中度,用第一大股东的持股比例衡量。股权越分散,股东之间的制衡能力越强,公司治理效果越好(陈晓和王琨,2005)。因此,我们预计 $Top1$ 的回归系数显著为正。$Mhold$ 为管理层激励变量,用管理层持股比例×1 000 衡量。根据经典的代理理论(Jensen and Meckling, 1976),管理层激励将有助于缓解代理问题,因此,我们预计其回归系数显著为负。$Meet$ 为董事会开会次数,用董事会年度内开会的总次数衡量。董事会会议次数越多,表明董事会越活跃,越能起到治理作用,因此,我们预计 $Meet$ 的回归系数显著为负。ROE 为企业的上期业绩,用上期的净利润/净资产衡量。企业的盈利能力越强,越有能力扩大投资规模,因此,我们预计当被解释变量为过度投资变量时,其回归系数显著为正;被解释变量为投资不足变量时,其回归系数显著为负。

为了检验假说 2,我们运行如下的 OLS 回归模型:

$$Mb = \gamma_0 + \gamma_1 Invest + \gamma_2 Invest \times Loss + \gamma_3 Loss + \gamma_4 Size + \gamma_5 Board \qquad (3)$$
$$+ \gamma_6 Top1 + \gamma_7 Mhold + \gamma_8 Meet + \gamma_9 ROE + \upsilon$$

Mb 为企业价值变量,这和相关文献的做法一致(Mauricio et al., 2008),该变量直接取自 CCER 数据库,用每股市价与每股净资产之比衡量,选用的是下期值。吴世农和许年行(2004)认为这种衡量方法相对来说更适合我国的市场情况。在模型中,还加入了 $Size$, $Board$, $Top1$, $Mhold$, $Meet$, ROE 等控制变量。$Size$ 为企业规模,用上期值表示。关于企业规模对企业价值的影响,现有文献没有得到一致的结论,因此,我们难以预计其回归系数的方向。关于其余几个公司治理控制变量,根据我们在前面的回归模型中的分析,我们对其回归系数分别预计如下:$Board$ 的回归系数难以预计、$Top1$ 的回归系数显著为负、$Mhold$ 的回归系数显著为正、$Meet$ 的回归系数显著为正、ROE 的回归系数显著为正。

8.5 研究样本与描述统计

本章的研究样本为 1999—2008 年我国沪、深两市的制造业上市公司。之所以选择从 1999 年开始,是因为本章要用到企业实际控制人数据,而该数据从 1999 年才开始披露。之所以选择制造业上市公司作为研究样本,主要原因在于:首先,选择一个行业进行研究能够在一定程度上避免由于行业不同产生的影响,而且制造业上市公司数量最多,在本章的样本期间内占所有非金融类上市公司的近 60%,竞争比较激烈,具有一定的代表性;其次,制造业公司投资于固定资产的比例大、回收周期长、资产专用性强,具有不可逆投资的特征,更能体现实物投资的特点(魏锋、孔煜,2005),国际上许多关于投资方面的文献都以制造业公司作为研究样本(Kaplan and Zingales,1997;Maksimovic and Phillips,2002)。在剔除了样本期间内变量缺失以及上市期限低于 2 年的样本后,共得到 6 084 个观测值。为了消除异常值的影响,对于本章存在明显异常值的 Newinvt,Newinvtlag,Lev,Growth 等变量进行了异常值处理,方法是采用 Winsarization 方法将小于 1% 和大于 99% 分位数的值分别替换为 1% 和 99% 分位数的值。本章的数据来自 CCER 数据库。

表 8-1 报告了样本的分布情况。全样本有 6 084 个,其中民营企业样本有 1 698 个,所占比例为 27.90%;国有企业样本有 4 386 个,所占比例为 72.10%。民营企业样本和国有企业样本中亏损企业的比例分别为 16.60% 和 14.10%,差异并不太大。

表 8-1   **样本分布**

	样本量	亏损企业		盈利企业	
		数量	比例	数量	比例
民营企业	1 698	282	16.60%	1 416	83.40%
国有企业	4 386	541	14.10%	3 845	86.90%
合计	6 084	823	13.53%	6 261	86.47%

表 8-2 报告了主要变量的描述统计。Panel A 至 Panel E 依次为全样本、亏损国有企业、盈利国有企业、亏损民营企业和盈利民营企业样本的描述统计结果。

从全样本来看,Invest 的均值为 0.051 1,中位数为 0.035 6。从子样本来看,无论是国有企业还是民营企业,亏损企业的 Invest 的均值和中位数均大于盈利企业,表明亏损企业的投资效率要差于盈利企业。从全样本来看,Mb 的均值和中位数分别为 3.993 6 和 2.646 1,表明投资者对样本公司的估价普遍较高。有趣的是亏损企业 Mb 的均值和中位数均大于盈利企业,在一定程度上表明,相对于盈利企业而言,亏损企业的价值可能被高估。从全样本来看,CF 的均值和中位数都为正,从总体看,样本公司的经营现金流情况比较正常。从子样本来看,无论是国有企业还是民营企业,亏损企业的现金流都要小于盈利企业。从其余变量来看,亏损企业的董事会规模较小、第一大股东持股比例较低、高管的股权激励程度较低、业绩较差、规模较小;亏损国有企业的董事会开会次数较多,而亏损民营企业的董事会开会次数较少。

表 8-2　　　　　　　　描述统计

变量	观测值	均值	中位数	最大值	最小值	标准差
Panel A 全样本						
Invest	6 084	0.051 1	0.035 6	0.465 9	0.000 0	0.053 9
Mb	5 292	3.993 6	2.646 1	32.524 6	−6.098 1	4.790 7
CF	6 084	0.049 4	0.046 9	0.281 5	−0.213 7	0.074 6
Board	6 084	7.001 8	6.000 0	19.000 0	0.000 0	2.268 3
Top1	6 084	0.418 5	0.407 0	0.885 8	0.006 0	0.167 8
Mhold	6 084	0.693 7	0.007 5	74.805 1	0.000 0	4.624 7
Meet	6 084	7.522 7	7.000 0	36.000 0	1.000 0	3.139 1
ROE	6 084	0.036 6	0.065 8	0.672 0	−1.457 7	0.240 4
Size	6 084	21.071 1	20.995 6	25.961 5	12.314 3	0.990 5
Panel B 亏损国有企业						
Invest	541	0.057 6	0.039 8	0.462 1	0.000 1	0.065 1
Mb	486	5.406 7	3.424 7	32.524 6	−6.098 1	7.558 0
CF	541	0.036 8	0.027 7	0.281 5	−0.213 7	0.082 2
Board	541	6.905 7	6.000 0	18.000 0	1.000 0	2.286 1
Top1	541	0.408 5	0.389 4	0.849 7	0.048 3	0.159 3
Mhold	541	0.060 3	0.004 2	10.298 9	0.000 0	0.590 7
Meet	541	8.009 2	8.000 0	20.000 0	1.000 0	3.204 4
ROE	541	−0.241 8	−0.156 2	0.672 0	−1.457 7	0.435 4
Size	541	20.839 4	20.827 7	24.125 8	18.028 1	0.941 1
Panel C 盈利国有企业						
Invest	3 845	0.048 5	0.034 5	0.445 4	0.000 0	0.049 8
Mb	3 421	3.642 3	2.587 3	32.524 6	−6.098 1	3.748 8
CF	3 845	0.052 9	0.050 1	0.281 5	−0.213 7	0.071 5
Board	3 845	7.318 9	7.000 0	19.000 0	0.000 0	2.370 2
Top1	3 845	0.457 9	0.460 5	0.885 8	0.035 5	0.165 7

（续表）

变量	观测值	均值	中位数	最大值	最小值	标准差
Panel C 盈利国有企业						
Mhold	3 845	0.081 0	0.008 4	23.233 0	0.000 0	0.862 0
Meet	3 845	7.142 0	7.000 0	36.000 0	2.000 0	2.976 1
ROE	3 845	0.079 9	0.071 6	0.672 0	−1.457 7	0.113 0
Size	3 845	21.226 1	21.126 8	25.961 5	14.937 4	0.972 5
Panel D 亏损民营企业						
Invest	282	0.069 3	0.041 0	0.465 9	0.000 4	0.079 2
Mb	236	6.308 2	3.142 3	32.524 6	−6.098 1	9.692 8
CF	282	0.028 5	0.022 1	0.281 5	−0.213 7	0.078 2
Board	282	6.237 6	6.000 0	18.000 0	2.000 0	2.055 4
Top1	282	0.314 4	0.287 7	0.700 0	0.085 0	0.128 7
Mhold	282	0.767 8	0.002 8	51.205 2	0.000 0	5.396 3
Meet	282	8.159 6	8.000 0	21.000 0	2.000 0	2.994 5
ROE	282	−0.284 6	−0.143 2	0.672 0	−1.457 7	0.559 9
Size	282	20.272 5	20.368 9	23.320 2	12.314 3	1.103 5
Panel E 盈利民营企业						
Invest	1 416	0.052 0	0.035 2	0.411 1	0.000 0	0.053 0
Mb	1 149	3.966 2	2.624 3	32.524 6	−6.098 1	4.269 6
CF	1 416	0.048 8	0.049 7	0.281 5	−0.213 7	0.078 1
Board	1 416	6.329 8	6.000 0	19.000 0	2.000 0	1.783 1
Top1	1 416	0.336 0	0.296 4	0.852 3	0.006 0	0.142 2
Mhold	1 416	2.584 6	0.009 3	74.805 1	0.000 0	8.902 6
Meet	1 416	8.243 6	8.000 0	26.000 0	1.000 0	3.393 3
ROE	1 416	0.089 3	0.089 0	0.672 0	−1.457 7	0.145 5
Size	1 416	20.897 8	20.858 1	24.288 4	14.158 1	0.908 4

图 8-1 和图 8-2 报告了亏损企业和盈利企业在不同现金流下的过度投资和投资不足情况的对比分析。图中的横轴为根据现金流的分位数分成的 10 组，从 1 到 10 表示现金流逐渐增加；纵轴分别为过度投资程度或投资不足程度。其中图 1 报告了过度投资情况，左边图中的样本为国有企业，右边为民营企业。从图 8-1 来看，随着现金流的增加，亏损国有企业的

过度投资程度基本上持续下降,盈利国有企业的过度投资程度则逐渐上升,这表明,在内部现金流充裕的情况下,盈利国有企业比亏损国有企业更容易过度投资。从民营企业样本来看,随着现金流的增加,亏损民营企业的过度投资程度刚开始呈短暂下降趋势,之后呈明显的大幅度上升趋势;而盈利民营企业的过度投资程度基本上没有变化,表明在同样的现金流情况下,亏损民营企业比盈利民营企业更容易过度投资。上述结果与我们的预期基本相符。

图 8-2 报告了投资不足的情况,其中左边图中的样本为国有企业,右边为民营企业。从国有企业样本来看,随着现金流的增加,亏损国有企业的投资不足程度呈下降趋势;而盈利国有企业的投资不足程度的下降趋势不明显。从民营企业样本来看,随着现金流的增加,亏损民营企业的投资不足程度先呈下降趋势,随后呈上升趋势;而盈利民营企业的投资不足程度基本上呈持续下降趋势。

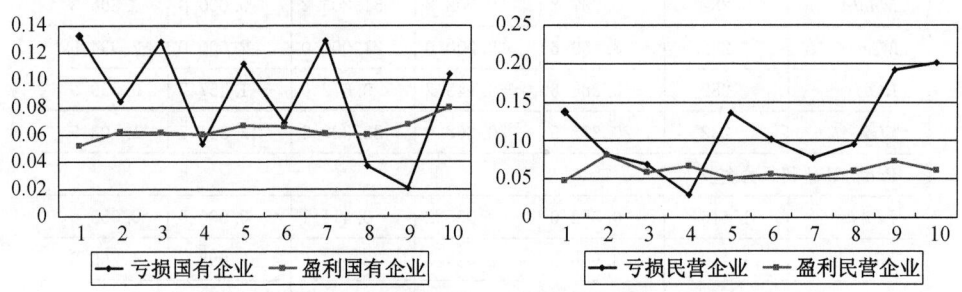

图 8-1　亏损企业与盈利企业的过度投资程度的均值比较

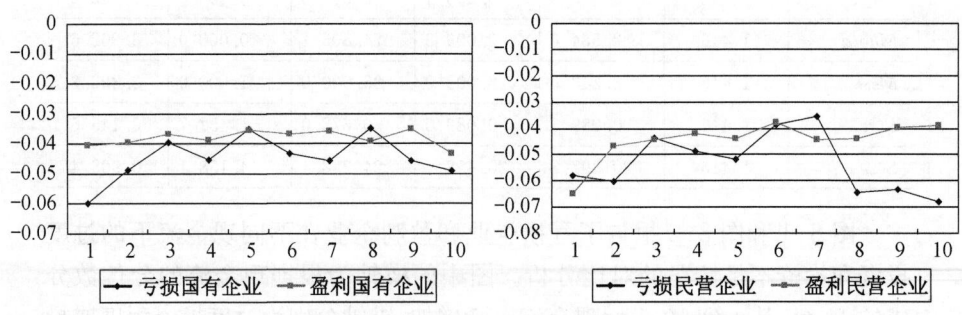

图 8-2　亏损企业与盈利企业投资不足程度的均值比较

8.6　实　证　结　果

8.6.1　基本回归结果

表 8-3 和表 8-4 报告了模型(2)的回归结果,其中表 8-3 报告的是过度投资样本的回归结果,被解释变量为过度投资程度;表 8-4 报告的是投资不足样本的回归结果,被解释变量为投资不足程度。在每张表中,左边 3 列是国有企业样本的回归结果,右边 3 列是民营企业样本的回归结果。

在表 8-3 中,从国有企业样本来看,CF 的回归系数在 1‰水平显著为正,表明对盈利国有企业来说,现金流越多,过度投资程度也越大;$CF \times Loss$ 的回归系数在 1‰水平显著为负,表明随着现金流的增加,亏损国有企业的过度投资的增加程度要显著低于盈利国有企业;换言之,亏损国有企业的投资相对较保守,而盈利国有企业的投资相对较激进。$Loss$ 的回归系数显著为正,表明如果不考虑其和 CF 的交互项,亏损公司的过度投资程度较大。我们采用分子样本进行回归的方法来替代交互项方法,将国有企业分为亏损企业和盈利企业分别进行回归,考察现金流对过度投资的影响。回归结果显示,在亏损企业样本中,现金流与过度投资之间存在显著的负相关关系,在盈利企业样本中存在显著的正相关关系,和交互项的回归结果一致。

从民营企业样本来看,CF 的回归系数为正但不显著,表明对盈利民营企业来说,现金流与过度投资程度之间不存在显著的相关关系;$CF \times Loss$ 的回归系数在 1‰水平显著为正,表明随着现金流的增加,亏损民营企业的过度投资的增加程度显著要高于盈利民营企业;换言之,亏损民营企业比盈利民营企业有着更强的投资冲动。$Loss$ 的回归系数也显著为正,表明总体来看,亏损企业的过度投资程度更大。分子样本的回归结果显示,在亏损企业样本中,现金流与过度投资程度之间显著正相关,而在盈利企业样本中不显著,与交互项结果一致。

上述结论支持了本章的假说 1,表明对于民营企业来说,亏损的企业有着更强的投资冲动;但对于国有企业来说,则是盈利的企业有着更强的投资冲动。

从控制变量的回归结果来看,$Board$ 的回归系数在国有企业样本中显著为负,表明董事会规模越大,治理效率越高;在亏损民营企业样本中也显

表8-3　　OLS回归结果（过度投资样本）

| | 国有企业 | | | | | | 民营企业 | | | | | |
| | 全样本 | | 亏损企业 | | 盈利企业 | | 全样本 | | 亏损企业 | | 盈利企业 | |
	估计系数	t值	估计系数	t值	估计系数	t值	估计系数	t值	估计系数	t值	估计系数	t值
截距项	0.071 4	7.79***	0.190 5	4.03***	0.064 3	7.14***	0.053 5	3.30***	0.122 6	1.58	0.045 1	2.92***
CF	0.108 4	4.14***	−0.190 8	−1.90*	0.107 0	4.33***	0.017 6	0.43	0.295 2	1.85*	0.019 0	0.52
CF×Loss	−0.273 0	−3.85***					0.300 1	2.88***				
Loss	0.034 5	5.06***					0.034 2	3.47***				
Board	−0.002 5	−3.31***	−0.007 5	−1.89*	−0.002 1	−2.79***	−0.001 3	−0.88	−0.008 3	−1.25	0.000 0	0.03
Top1	−0.020 2	−1.93*	−0.110 1	−1.94*	−0.013 4	−1.30	0.014 8	0.79	0.036 8	0.39	0.012 0	0.67
Mhold	−0.000 7	−0.31	−0.112 6	−1.37	−0.000 4	−0.17	−0.000 4	−1.35	−0.000 7	−0.31	−0.000 4	−1.43
Meet	0.001 9	3.31***	0.000 7	0.26	0.002 1	3.67***	0.001 4	1.60	0.001 4	0.31	0.001 4	1.73*
ROE	0.000 1	0.74	0.000 1	0.32	−0.005 2	−0.37	−0.004 7	−2.70***	−0.005 4	−1.35	−0.003 0	−1.24
调整 R^2	0.036 3		0.037 1		0.024 5		0.077 4		0.047 4		0.002 6	
F	8.81***		1.91*		7.35***		8.19***		1.66		1.270 0	
样本量	1 660		141		1 519		690		81		609	

注：被解释变量为 $Invest$；*、**、***分别表示在10%、5%、1%水平显著。

著为负,但在盈利民营企业样本中不显著。*Top*1 的回归系数在亏损国有企业样本和全部国有企业样本中显著为负,表明第一大股东持股比例越高,过度投资程度越低,对于国有企业来说,股权集中便于抑制过度投资行为;但在盈利国有企业样本和民营企业样本中不显著。*Mhold* 的回归系数在所有样本中均不显著,表明高管的股权激励没有显著效果。*Meet* 的回归系数在盈利国有企业样本和盈利民营企业样本中都显著为正,和预期相反,表明董事会开会次数越多,治理效率越低;在亏损企业样本中都不显著。*ROE* 的回归系数除了在民营企业的全样本中显著为负外,在其他样本中都不显著。

在表 8-4 中,被解释变量为投资不足程度,因为取了绝对值,所以该指标的值越大,表明投资不足程度越大。从国有企业样本来看,*CF* 及 *CF*×*Loss* 的回归系数均不显著,表明对于盈利国有企业来说,现金流与投资不足之间不存在显著的相关关系,而且这一关系在亏损企业和盈利企业之间没有显著差异。分子样本进行回归的结果也显示了这一结果。

从民营企业样本来看,*CF* 的回归系数显著为负,表明对盈利企业来说,现金流越多,投资不足程度越低,内部现金流能够缓解投资不足问题。*CF*×*Loss* 的回归系数显著为正,表明相对于盈利企业来说,随着现金流的增加,亏损民营企业投资不足的下降程度低于盈利民营企业,现金流在缓解投资不足方面的作用较小。*Loss* 的回归系数显著为正,表明在不考虑现金流的情况下,亏损国有企业的投资不足程度较大。分为亏损企业和盈利企业样本分别进行回归的结果显示,在亏损企业样本中,现金流与投资不足程度之间不存在显著的相关关系;而在盈利企业样本中显著为负,与采用交互项方法得到的结果一致。

从控制变量的回归结果来看,*Board* 的回归系数在民营企业样本和国有企业样本中都显著为负,表明董事会规模越大,治理效果越好。*Top*1 和 *Mhold* 的回归系数在所有样本中都不显著。*Meet* 的回归系数除了亏损国有企业样本外,在其他样本中都显著为正,和过度投资样本的回归结果类似,董事会开会次数越多,投资不足程度越大。*ROE* 的回归系数除了在民营企业全样本中显著为正外,在其他样本中不显著。

表 8-5 报告了模型(3)的回归结果,包括了过度投资样本和投资不足样本的回归结果,在这两类样本中,又进一步分解成民营企业和国有企业两类样本分别进行回归。由于被解释变量 *Mb* 采用的是下期值,它在 2008 年是缺失的,因此使得样本下降为 5 292 个。

表8-4　　OLS回归结果（投资不足样本）

| | 国有企业 | | | | | | 民营企业 | | | | | |
| | 全样本 | | 亏损企业 | | 盈利企业 | | 全样本 | | 亏损企业 | | 盈利企业 | |
	估计系数	t值	估计系数	t值	估计系数	t值	估计系数	t值	估计系数	t值	估计系数	t值
截距项	0.038 6	11.86***	0.057 5	6.68***	0.036 5	10.47***	0.036 4	4.87***	0.036 5	2.06**	0.037 9	4.66***
CF	−0.002 3	−0.25	−0.022 5	−1.05	−0.002 3	−0.25	−0.074 8	−4.10***	−0.005 5	−0.12	−0.074 6	−4.20***
CF×Loss	−0.020 6	−0.94					0.071 2	1.63				
Loss	0.007 1	3.69***					0.006 1	1.66*				
Board	−0.000 5	−2.04**	−0.001 4	−1.84*	−0.000 4	−1.45	−0.001 3	−1.75*	−0.001 1	−0.65	−0.001 4	−1.65*
Top1	−0.006 2	−1.64	−0.015 2	−1.40	−0.004 7	−1.18	0.010 0	0.98	0.025 1	0.91	0.006 8	0.63
Mhold	0.000 0	−0.02	0.000 4	0.16	0.000 0	−0.04	0.000 3	1.59	0.000 4	0.63	0.000 3	1.45
Meet	0.000 9	4.29***	0.000 6	1.10	0.001 0	4.26***	0.002 0	4.90***	0.002 0	1.73*	0.002 0	4.61***
ROE	−0.000 1	−0.47	0.000 0	−0.38	−0.000 4	−0.34	0.001 9	1.67*	0.002 0	1.44	0.001 9	0.58
调整 R^2	0.016 7		0.009 0		0.009 2		0.049 7		0.006 3		0.052 9	
F	6.79***		1.60		4.60***		7.60***		1.21		8.52***	
样本量	2 726		400		2 326		1 008		201		807	

注：被解释变量为 $Invest$；*、**、***分别表示在10%、5%、1%水平显著。

表 8-5　OLS 回归结果

| | 过度投资样本 | | | | 投资不足样本 | | | |
| | 国有企业 | | 民营企业 | | 国有企业 | | 民营企业 | |
	估计系数	t 值	估计系数	t 值	估计系数	t 值	估计系数	t 值
截距项	19.680 9	8.86***	35.686 0	6.35***	24.644 5	11.43***	27.568 5	6.03***
Invest	−2.802 6	−1.75*	2.215 4	0.63	−7.320 5	−2.27**	−10.987 4	−2.18**
Invest×Loss	9.475 3	2.72***	−16.018 0	−2.65***	−8.346 2	−1.03	11.523 4	1.06
Loss	0.722 8	1.56	2.733 2	3.07***	1.921 6	4.38***	0.751 7	0.99
Size	−0.777 0	−7.30***	−1.590 0	−6.08***	−1.001 0	−9.77***	−1.309 8	−6.06***
Board	0.056 1	1.28	0.276 7	2.38**	0.157 4	4.03***	0.434 2	4.05***
Top1	0.505 2	0.82	−2.449 4	−1.68*	−0.631 2	−1.10	2.456 2	1.65*
Mhold	0.275 8	2.04**	−0.001 4	−0.05	0.066 2	0.56	−0.002 1	−0.08
Meet	−0.027 2	−0.75	0.050 2	0.71	−0.045 2	−1.34	0.092 0	1.53
ROE	−0.006 5	−0.86	−0.845 1	−5.03***	0.025 7	1.46	−0.210 3	−1.10
调整 R^2	0.058 7		0.139 0		0.066 5		0.083 7	
F	11.25***		10.79***		20.20***		9.49***	
样本量	1 478		550		2 429		835	

注：被解释变量为 M_0；*、**、*** 分别表示在 10%、5%、1% 水平显著。

从过度投资样本来看,在国有企业中,*Invest* 的回归系数显著为负,表明对于盈利企业来说,过度投资程度越大,企业价值越低;*Invest*×*Loss* 的回归系数显著为正,表明亏损企业的过度投资对企业价值的负面影响程度要显著小于盈利企业,这与前面的实证结果是一致的,其原因在于盈利国有企业更容易过度投资。在民营企业中,*Invest* 的回归系数为正但不显著,表明盈利民营企业的过度投资对企业价值没有显著影响;*Invest*×*Loss* 的回归系数显著为负,表明相对于盈利企业来说,亏损企业的过度投资对企业价值有着显著的负面影响,这与前面的实证结果也是一致的,其原因在于亏损民营企业更容易过度投资。

从投资不足样本来看,民营企业和国有企业的回归结果一致,*Invest* 的回归系数显著为负,*Invest*×*Loss* 的回归系数不显著,表明盈利企业的投资不足程度越大,企业价值越低;亏损企业和盈利企业之间没有显著差异。

从其他变量的回归结果来看,*Loss* 的回归系数基本上都显著为正,表明市场对亏损企业的定价更容易高估。*Size* 的回归系数在所有样本中都显著为负,表明企业规模越大,企业价值越低。*Board* 的回归系数除了在第一个回归结果中不显著之外,在其余结果中均显著为正,表明董事会规模越大,企业价值越高。*Top*1 的回归系数在过度投资的民营企业中显著为负,在投资不足的民营企业样本中显著为正,在企业模型中不显著,这些结果不一致。*Mhold* 在过度投资的国有企业中显著为正,在其他样本中不显著,过度投资国有企业中高管的持股被市场理解为"好消息"。*Meet* 的回归系数在所有样本中均不显著。

8.6.2 稳健性检验

为了检验本章结论的可靠性,我们从如下角度进行了稳健性检验:

首先,为了避免可能的遗漏变量问题,我们对前面的模型采用面板数据方法进行回归分析。在进行回归分析前,我们首先进行 Hausman 检验,检验结果显示,伴随概率 P 值都大于 0.1,因此应该采用随机效应模型进行回归(伍德里奇,2003)。从这些回归结果来看,它们与 OLS 的回归结果保持一致。

其次,在前面的 OLS 回归结果中,我们没有控制年度因素。为了避免可能的年度因素的影响,我们在前面的回归模型中均加入年度哑变量,重新进行了回归分析,发现结论没有改变。

再次,在上述研究过程中,我们根据企业的净利润大于零还是小于零这一标准来划分盈利企业和亏损企业,而没有考虑亏损的程度问题,这可能会影响结论的可靠性,因为有的企业虽然亏损,但可能只是略微亏损,它们和略微盈利的企业可能不存在显著差别。为了确保结论的可靠性,我们调整了亏损标准,规定如果企业亏损 1 000 万元以上,则将其视为巨大亏损,考察巨大亏损样本和非巨大亏损样本在投资行为方面的差异,重新进行了回归分析,发现结果没有改变。

限于篇幅,我们没有报告上述回归结果。

8.7　结　　论

国有企业和民营企业在投资行为方面的差异是一个重要的研究主题,通过研究这种差异的表现形式、原因以及经济后果,将有助于我们理解导致国有企业和民营企业经营效率出现差异的深层次原因。但从现有文献来看,这方面的研究还相当匮乏。本章基于企业的盈利状态这一独特的视角,对这一问题进行了研究。

运用中国制造业上市公司 1998 年至 2008 年的数据,本章研究了国有企业和民营企业在面临亏损和盈利时的投资行为及其差异。研究结果表明,国有企业和民营企业都存在过度投资倾向,但在表现形式上具有较大差异:国有企业在盈利状态时更容易过度投资,在亏损状态时投资更加保守;民营企业正好相反,在亏损状态时更容易过度投资,在盈利状态时更加保守;盈利国有企业和亏损民营企业的过度投资均对企业价值产生了负面影响。本章的研究丰富了产权与企业价值关系方面的研究以及企业投资方面的研究。本章的研究结论对我国的监管机构具有一定的借鉴意义,也可以作为企业进行投资决策时的参考依据。

参 考 文 献

陈冬华.2003.地方政府、公司治理与补贴收入——来自我国证券市场的经验证据[J].财经研究,9.

陈冬华,陈信元,万华林.2005.国有企业中的薪酬管制与在职消费[J].经济研究,2.

陈莉,张卓.2005.中国上市公司多元化战略及其系统风险研究[J].企业经济,2.

陈硕.2010.分税制改革、地方财政自主权与公共品供给[J].经济学(季刊),4.

陈晓,王琨.2005.关联交易、公司治理与国有股改革[J].经济研究,4.

陈信元,黄俊.政府干预、多元化经营与公司业绩[J].管理世界,1.

陈运森,朱松.2009.政治关系、制度环境与上市公司资本投资[J].财经研究,12.

陈钊,陆铭,何俊志.2008.权势与企业家参政议政[J].世界经济,6.

程仲鸣,夏新平,余明桂.2008.政府干预、金字塔结构与地方国有上市公司投资[J].管理世界,9.

崔运政,于安.2005.完善我国社会保障财政管理的对策[J].中国财政,11.

戴德明,邓璠.2007.亏损企业经营业绩改善措施及有效性研究[J].管理世界,7.

丁希炜,周中胜.2008.公司高管人员更换的影响因素——基于上市公司的实证分析[J].山西财经大学学报,8.

邓建平,曾勇.2009.政治关联能改善民营企业的经营绩效吗[J].中国工业经济,2.

杜兴强,周泽将.2009.政治联系层级与中国民营上市公司真实业绩[J].经济与管理研究,8.

杜兴强,郭剑花,雷宇.2009.政治联系方式与民营上市公司业绩:'政府干预'抑或'关系'?[J].金融研究[J],11.

樊纲,王小鲁,朱恒鹏.2004.中国市场化指数——各地区市场化相对进程2003年度报告[M].北京:经济科学出版社.

樊纲,王小鲁,朱恒鹏.2007.中国市场化指数——各地区市场化相对进程2006年度报告[M].北京:经济科学出版社.

方军雄.2007.所有制、制度环境与信贷资金配置[J].经济研究,12.

方军雄.2008.政府干预、所有权性质与企业并购[J].管理世界,9.

方军雄.2009.我国上市公司的高管的薪酬存在粘性吗[J].经济研究,3.

龚玉池.2001.公司绩效与高层更换[J].经济研究,10.

洪道麟等.2006.多元化并购、企业长期绩效损失及其选择动因[J].经济科学,5.

胡旭阳. 2006. 民营企业家的政治身份与民营企业的融资便利——以浙江省民营百强企业为例[J]. 管理世界，5.

胡永平，张宗益. 2009. 高管的政治关联与公司绩效：基于国有电力生产上市公司的经验研究[J]. 中国软科学，6.

姜付秀. 2006. 我国上市公司多元化经营的决定因素研究[J]. 管理世界，5.

姜付秀，黄继承. 2011. 市场化进程与资本结构动态调整[J]. 管理世界，3.

姜付秀，刘志彪，陆正飞. 2006. 多元化经营、企业价值与收益波动研究[J]. 财经问题研究，11.

姜付秀，屈耀辉，陆正飞，李焰. 2008. 产品市场竞争与资本结构动态调整[J]. 经济研究，4.

姜付秀，伊志宏，苏飞，黄磊. 2009. 管理者背景特征与企业过度投资行为[J]. 管理世界，1.

姜付秀，张敏，陆正飞，陈才东. 2009. 管理者过度自信、企业扩张与财务困境[J]. 经济研究，1.

姜明伦. 2007a. 对浙江省民营企业治理结构的调查与思考[J]. 经济纵横，4.

姜明伦. 2007b. 我国民营企业治理机制变革实证研究[J]. 经济问题探索，4.

江伟，李斌. 2006. 制度环境、国有产权与银行差别贷款[J]. 金融研究，11.

金晓斌等. 2002. 公司特质、市场激励与上市公司多元化经营[J]. 经济研究，9.

雷光勇，刘慧龙. 2007. 市场化进程、最终控制人性质与现金股利行为——来自中国A股公司的经验证据[J]. 管理世界，7.

雷光勇，李书锋，王秀娟. 2009. 政治关联、审计师选择与公司价值[J]. 管理世界，7.

李强，刘善敏. 2007. 地方政府干预、行业集中度与公司多元化[J]. 华南师范大学学报，5.

李善民，朱滔. 2006. 多元化并购能给股东创造价值吗？——兼论影响多元化并购长期绩效的因素[J]. 管理世界，3.

李维安，姜涛. 2007. 公司治理与企业过度投资行为研究——来自中国上市公司的证据[J]. 财贸经济，12.

李增福，李娟. 2011. 税率变动与资本结构调整[J]. 经济科学，5.

黎凯，叶建芳. 2007. 财政分权下政府干预对债务融资的影响——基于转轨经济制度背景的实证分析[J]. 管理世界，8.

林毅夫，李志赟. 2004. 政策性负担、道德风险与预算软约束[J]. 经济研究，2.

林毅夫，刘明兴，章奇. 2004. 政策性负担与企业的预算软约束：来自中国的实证研究[J]. 管理世界，8.

刘昌国. 2006. 公司治理机制、自由现金流量与上市公司过度投资行为研究[J]. 经济科学，4.

柳建华. 2006. 银行负债、预算软约束与企业投资[J]. 南方经济，9.

卢锐,魏明海,黎文靖.2008.管理层权力、在职消费与产权效率——来自中国上市公司的证据[J].南开管理评论,5.

陆正飞,高强.2003.中国上市公司融资行为研究——基于问卷调查的分析[J].会计研究,10.

罗党论,黄琼宇.2008.民营企业的政治关系与企业价值[J].管理科学,6.

罗党论,唐清泉.2009.中国民营上市公司制度环境与绩效问题研究[J].经济研究,2.

罗党论,唐清泉.2009.政治关系、社会资本与政策资源获取[J].世界经济,7.

罗党论,甄丽明.2008.民营控制、政治关系与企业融资约束[J].金融研究,12.

罗琦,肖文翀,夏雷平.2007.融资约束抑或过度投资[J].中国工业经济,9.

宁宇新,柯大钢.2009.基于政治关系的企业债务融资结构研究[J].统计与决策,11.

潘红波,夏新平,余明桂.2008.政府干预,政治关联与地方国有企业并购[J].经济研究,4.

潘越,戴亦一,李财喜.2009.政治关联与财务困境公司的政府补助[J].南开管理评论,5.

苏启林,朱文.2003.上市公司家族控制与企业价值[J].经济研究,8.

孙永祥,黄祖辉.1999.上市公司的股权结构与绩效[J].经济研究,12.

唐雪松,郭建强.2007.上市公司过度投资行为及其制约机制的实证研究[J].会计研究,7.

王克敏,王志超.2007.高管控制权、报酬与盈余管理——基于中国上市公司的实证研究[J].管理世界,7.

王庆文,吴世农.2008.政治关系对公司业绩的影响[R].中国第七届实证会计国际研讨会会议论文.

王霞,张敏,于富生.2008.管理者过度自信与企业投资异化[J].南开管理评论,2.

王彦超.2009.融资约束、现金持有与过度投资[J].金融研究,7.

王志强,洪艺珣.2009.中国上市公司资本结构的长期动态调整[J].会计研究,6.

魏明海,柳建华.2007.国企分红、治理因素与过度投资[J].管理世界,4.

魏锋,孔煜.2005.融资约束、不确定性与公司投资行为[J].中国软科学,3.

吴世农、许年行.2004.资产的理性定价模型和非理性定价模型的比较研究[J].经济研究,6.

吴文锋,吴冲锋,芮萌.2009.中国上市公司高管的政府背景与税收优惠[J].管理世界,3.

吴文锋,吴冲锋,刘晓薇.2008.中国民营上市公司高管的政府背景与企业价值[J].经济研究,7.

伍德里奇 J.M.2003.计量经济学导论[M].费剑平,林相森译.北京:中国人民大学出版社.

夏立军,方轶强. 2005. 政府控制、治理环境与企业价值[J]. 经济研究,5.

谢德仁,林乐,陈运森. 2012. 薪酬委员会独立性与更高的经理人报酬——基于业绩敏感度[J]. 管理世界,1.

辛清泉,林斌. 2006. 债务杠杆与企业投资:双重预算软约束视角[J]. 财经研究,7.

辛清泉,林斌,王彦超. 2007. 政府控制、经理薪酬与资本投资[J]. 经济研究,8.

辛清泉,郑国坚,杨德明. 2007. 企业集团、政府控制与投资效率[J]. 金融研究,10.

徐晓东,陈小悦. 2003. 第一大股东对公司治理、企业业绩的影响分析[J]. 经济研究,2.

薛玉莲. 2008. 经营困境、政治关系与银行贷款差异[J]. 经济经纬,4.

薛云奎,白云霞. 2008. 国有所有权、冗余雇员与公司业绩[J]. 管理世界,10.

叶康涛,陆正飞,张志华. 2007. 独立董事能否抑制大股东的'掏空'[J]. 经济研究,4.

余明桂,潘红波. 2008. 政治关系、制度环境与民营企业银行贷款[J]. 管理世界,8.

曾庆生,陈信元. 2005. 国家控股、超额雇员与劳动力成本[J]. 经济研究,5.

张栋,杨淑娥,杨红. 2008. 第一大股东股权、治理机制与企业过度投资[J]. 当代经济科学,4.

张功富,宋献中. 2009. 我国上市公司投资:过度还是不足[J]. 会计研究,5.

张洪辉,王宗军. 2010. 政府干预、政府目标与国有上市公司的过度投资[J]. 南开管理评论,3.

张建君,张志学. 2005. 中国民营企业家的政治战略[J]. 管理世界,7.

张敏,黄继承. 2009. 政治关联、多元化与企业风险[J]. 管理世界,7.

张敏,吴联生,王亚平. 2010. 国有股权、公司业绩与投资行为[J]. 金融研究,12.

张翼,李辰. 2005. 股权结构、现金流与资本投资[J]. 经济学(季刊),19.

张翼,李习,许德音. 2005. 代理问题、股权结构与公司多元化[J]. 经济科学,3.

张翼,刘巍,龚六堂. 2005. 中国上市公司多元化与公司业绩的实证研究[J]. 金融研究,9.

赵兴楣,王华. 2011. 政府控制、制度背景与资本结构动态调整[J]. 会计研究,3.

赵震宇,杨之曙,白重恩. 2007. 影响中国上市公司高管层变更的因素分析与实证检验[J]. 金融研究,8.

周黎安. 2004. 晋升博弈中政府官员的激励与合作——兼论我国地方保护主义和重复建设问题长期存在的原因[J]. 经济研究,6.

周黎安. 2007. 中国地方官员的晋升锦标赛模式研究[J]. 经济研究,7.

周黎安,李宏彬,陈烨. 2004. 相对绩效考核:关于中国地方官员晋升的一项经验研究[J]. 经济学报,1.

朱红军. 2002. 我国上市公司高管人员更换的现状分析[J]. 管理世界,5.

朱江. 1999. 我国上市公司的多元化战略和经营业绩[J]. 经济研究,11.

Abarbanell J S, Bushee B J. 1997. Fundamental Analysis, Future Earnings, and Stock Prices. Journal of Accounting Research, 35: 1 – 24.

Adaptation P, 1988. Diversification, Capital Structure and Systematic Risk: An Empirical investigation. Journal of Accounting , Auditing and Finance, 3:44 – 48.

Adhikari A, Derashid C, Zhang H. 2006. Public Policy, Political Connections, and Effective Tax Rates: Longitudinal Evidence from Malaysia. Journal of Accounting and Public Policy, 25:574 – 595.

Amihud Y, Lev B. 1981. Risk Reduction As Managerial Motive for Conglomerate Mergers. Bell Journal of Economics, 12:605 – 617.

Bai C, Li D D, Tao Z, Wang Y. 2000. A Multitask Theory of State Enterprise Reform. Journal of Comparative Economics, 28: 716 – 738.

Bai C, Lu J, Tao Z. 2006. The Multitask Theory of State Enterprise Reform: Empirical Evidence from China. American Economic Review, 96: 353 – 357.

Baker M, Stein J C , Wurgler J. 2003. When does the Market Matter? Stock Prices and the Investment of Equity-dependent Firms. The Quarterly Journal of Economics, 118: 969 – 1005.

Banerjee H, Heshmati A, Wihlborg C. 2000. The Dynamics of Capital Structure. Working paper, Stockolm School of Economics.

Banker R D, Datar S M. 1989. Sensitivity, Precision, and Linear Aggregation of Signals for Performance Evaluation. Journal of Accounting Research:27:21 – 39.

Barton L S. 1988. Diversification Strategy and Systematic Risk: Another Look. Academy of Management Journal, 31(1):166 – 175.

Beasley M. 1996. An Empirical Analysis of the Relation between the Board of Director Composition and Financial Statement Fraud. The Accounting Review, 71: 443 – 465.

Berger P G, Ofeck E. 1995. Diversification's Effect on Firm Value. Journal of Financial Economics, 37: 39 – 65.

Berger P G, Ofek E. 1999. Causes and Effects of Corporate Refocusing Programs. Review of Financial Studies, 12: 311 – 345.

Berle A A, Means G C. 1932. The Modern Corporation and Private Property. New York, NY: MacMillan.

Bertrand M, Kramarz F, Schoar A, Thesmar D. 2006. Politicians, firms and Political Business Cycle: Evidence from France, Working Paper, University of Chicago.

Biddle G C, Hilary G, Verdi R S. 2009. How does Financial Reporting Quality Relate to Investment Efficiency? Journal of Accounting and Economics, 48:112 – 131.

Birch E M, Siebert C D. 1976. Uncertainty, Permanent Demand, and Investment Behavior. The American Economic Review, 66: 15 - 27.

Boubakri N, Cosset J C, Saffar W. 2008. Political Connections of Newly Privatized Firms. Journal of Corporate Finance, 14:654 - 673.

Brandt L, Zhu X. 2000. Redistribution in a Decentralized Economy: Growth and Inflation in China under Reform. Journal of Politcal Economy, 108: 422 - 439.

Brown Royna, Neal Sarma. 2006. CEO Overconfidence, CEO Dominance and Corporate Acquisions. Working Paper, the University of Melbourne.

Butler A W, Larry F, Sandra M. 2009. Corruption, Political Connections, and Municipal Finance. Review of Financial Studies, 22:2873 - 2905.

Byoun S. 2008. How and When Do Firms Adjust Their Capital Structures toward Targets? Journal of Finance, 63:3069 - 3096.

Campa J M, Kedia S. 2002. Explaining the Diversification Discount. The Journal of Finance, 57:1731 - 1762.

Carleton W T, Nelson J A, Weisbach M S. 1998. The Influence of Institutions on Corporate Governance through Private Negotiations: Evidence from TIAA-CREF. The Journal of Finance, 53:1335 - 1362.

Chan, S H, Martin J D, Kensinger J W. 1990. Corporate Research and Development Expenditures and Share Value. Journal of Financial Economics, 26: 255 - 276.

Chang Y,Thomas H. 1989. The Impact of Diversification Strategy on Risk-return Performance. Strategic Management Journal, 10:271 - 284.

Chaney P K, Faccio M, Parsley D C. 2007. The Quality of Accounting Information in Politically Connected Firms. Working Paper, Owen Graduate School of Management of Vanderbilt University.

Chen C J P, Yuan D, Chansog F K. 2007. Politically Connected Firms, Legal Enforcement, and Analyst Forecast Attributes around the World, Working Paper ,City University of Hong Kong.

Chen D, Li O Z, Liang S. 2009. Do Managers Perform for Perks? Working Paper, Nanjing University.

Claessens S, Feijen E, Laeven L. 2008. Political Connections and Preferential Access to Finance: The Role of Campaign Contributions. Journal of Financial Economics, 88:554 - 580.

Cook D, Tang T. 2010. Macroeconomic Conditions and Capital Structure Adjustment Speed. Journal of Corporate Finance, 16:73 - 87.

Core J, Holthausen R, Larcker D. 1999. Corporate Governance, Chief Executive

Officer Compensation, and Firm Performance. Journal of Financial Economics, 51:371 – 406.

Defond M L, Hung M. 2003. An empirical an analysis of analysts'cash flow forecasts. Journal of Accounting and Economies, 35(1): 73 – 100.

Denis D, D K Denis, Sarin A. 1997. Agency Problems, Equity Ownership, and Corporate Diversification. The Journal of Finance, 1:135 – 160.

Denis D J, Denis D K, Sarin A. 1997. Ownership Structure and Top Management Turnover. Journal of Financial Economics, 45:193 – 221.

Denis D, Sarin A. 1999. Ownership and Board Structure in Publicly Traded Corporations. Journal of Financial Economics, 52: 187 – 223.

Denis D J, Kruse T A. 2000. Managerial Discipline and Corporate Restructuring Following Performance Declines. Journal of Financial Economics, 55: 391 – 424.

Dewenter K L, Malatesta P H. 2001. State-Owned and Privately Owned Firms: An Empirical Analysis of Profitability, Leverage, and Labor Intensity. American Economic Review, 91: 320 – 334.

Djankov S, Murrell P. 2002. Enterprise Restructuring in Transition: A Quantitative Survey. Journal of Economic Literature, 40(3): 793 – 837.

Drobetz W, Wanzenried G. 2006. What Determines the Speed of Adjustment to the Target Capital Structure? Applied Financial Economics, 16:941 – 958.

Dushnitsky G, Lenox M J. 2006. When Does Corporate Venture Capital Investment Create Firm Value. Journal of Business Venturing, 21:753 – 772.

Elloumi F, Gueyie J. 2001. CEO Compensation, IOS and the Role of Corporate Governance. Corporate Governance, 1:23 – 33.

Eric C Chang, Sonia M L Wong. 2004. Chief Executive Officer Turnovers and the Performance of China's Listed Enterprises. Working paper, Hong Kong Institute of Economics and Business Strategy and The University of Hong Kong.

Faccio M. 2006. Politically Connected Firms. The American Economic Review, 96(1):369 – 386.

Faccio M. Parsley D C. 2009. Sudden Deaths: Taking Stock of Geographic Ties. Journal of Financial and Quantitative Analysis, 44:683 – 718.

Faccio M, Ronald W M, John J M. 2006. Political Connections and Corporate Bailouts. The Journal of Finance, 61:2597 – 2635.

Fan J P H, Rui M O , Zhao M. 2006. Rent Seeking and Corporate Finance: Evidence from Corruption Cases. Working Paper, Hong Kong University of Science and Technology.

Fan J P H, Rui M O, Zhao M. 2008. Public Governance and Corporate Finance:

Evidence from Corruption Cases. Journal of Comparative Economics, 36:343 - 364.

Fan J P H, Wong T J , Zhang T. 2007. Politically-connected CEOs, Corporate Governance and Post-IPO Performance of China's Partially Privatized Firms. Journal of Financial Economics, 84(2):330 - 357.

Feltenstein A, Iwata S. 2005. Decentralization and Macroeconomic Performance in China: Regional Autonomy Has Its Costs. Journal of Development Economics, 76: 481 - 501.

Ferguson T, Voth H J. 2008. Betting on Hitler—The Value of Political Connections in Nazi Germany. The Quarterly Journal of Economics, 123:101 - 137.

Firth M, Fung P M Y, Rui O M. 2006. Corporate Performance and CEO Compensation in China. Journal of Corporate Finance, 12: 693 - 714.

Fishman R. 2001. Estimating the Value of Political Connections. The American Economic Review, 91:1095 - 1102.

Flannery M, Rangan K. 2006. Partial Adjustment toward Target Capital Structures. Journal of Financial Economics, 79:469 - 506.

Francis B B, Hasan L, Sun X. 2009. Political Connections and the Process of Going Public: Evidence from China. Journal of International Money and Finance, 30: 1 - 24.

Frye T, Shleifer A. 1997. The Invisible Hand and the Grabbing Hand. American Economic Review, 87:354 - 358.

Gale D, Hellwig M. 1985. Incentive-compatible Debt Contracts: The One-period Problem. Review of Economic Studies, 52: 647 - 663.

Goldman E, Rocholl J, So J. 2009. Do Politically Connected Boards Affect Firm Value? Review of Financial Studies, 22:2331 - 2360.

Gribbin. J D. 1976. The Conglomerate Merger. Applied Economics, 8:19 - 35.

Graham J, Harvey C. 2001. The Theory and Practice of Corporate Finance: Evidence from the Field. Journal of Financial Economics, 60:187 - 243.

Grant R M, Jammine A P, Thomas H. 1988. Diversity, Diversification and Profitability among British Manufacturing Companies, 1972—1984. Academy of Management Journal ,31(4):771 - 801.

Hackbarth D, Miao J, Morellec E. 2008. Capital Structure, Credit Risk, and Macroeconomic Conditions. Journal of Financial Economics, 82:519 - 550.

Hart O, Moore J. 1988. Incomplete Contracts and Renegotiation. Econometrica, 56: 755 - 786.

He C. 2006. Regional Decentralisation and Location of Foreign Direct Investment in China. Post-Communist Economies, 18: 33 - 50.

Holmstrom B. 1979. Moral Hazard and Observability. The Bell Journal of Economics, 10:74 – 91.

Holmstrom B, Weiss L. 1985. Managerial Incentives, Investment and Aggregate Implications. Review of Economic Studies, 52:403 – 426.

Hoskisson R E, Lorraine E, Chung M L, Mike W. 2000. Strategy in Emerging Economies. The Academy of Management Journal, 43(3):249 – 267.

Huson M, Parrino R, Starks L. 2001. Internal monitoring mechanisms and CEO turnover: a long-term perspective. Journal of Finance, 56:2265 – 2297.

James Jinho Chang, HyunHan, Shin. 2006. Governance System Effectiveness Following the Crisis: the case of Korean business group headquarters. Corporate Governance: An International Review, 14:73 – 143.

Jensen M C. 1986. Agency Costs of Free Cash Flow, Corporate Finance, and Takeovers. American Economic Review, 76:323 – 329.

Jensen M C. 1993. The Modern Industrial Revolution, Exit and the Failure of Internal Control Systems. The Journal of Finance, 48(3):831 – 880.

Jensen M C, Meckling W H. 1976. Theory of the Firm: Managerial Behavior, Agency Costs and Ownership Structure. Journal of Financial Economics, 3: 305 – 360.

Johnson S, Mitton T. 2003. Cronyism and Capital Controls: Evidence from Malaysia. Journal of Financial Economics. 67:351 – 382.

Kang J, Shivdasani A. 1995. Firm performance, corporate governance and top executive turnover in Japan. Journal of Financial Economics, 38:29 – 58.

Kang J, Shivasani A. 1997. Corporate Restructuring during Performance Declines in Japan. Journal of Financial Economics, 46: 891 – 917.

Kaplan S, Zingales L. 1997. Do Investment-cash Flow Sensitivities Provide Useful Measures of Financing Constraints? The Quarterly Journal of Economics, 112: 169 – 215.

Kato T, Long C. 2005. CEO Turnover, Firm Performance, and Corporate Governance in Chinese Listed Firms. Working paper.

Khwaja A I, Mian A. 2005. Do Lenders Favor Politically Connected Firms? Rent Provision in An Emerging Financial Market. The Quarterly Journal of Economics, 120: 1371 – 1411.

Korajczyk R, Levy A. 2003. Capital Structure Choice, Macroeconomic Conditions and Financial Constraints. Journal of Financial Economics, 68:75 – 109.

Kornai J. 1986. The Soft Budget Constraint. Kyklos, 39: 324 – 340.

La Porta R, Lopez De Silanes F, Shleifer A, Vishny R W. 1998. Law and Finance. Journal of Political Economy, 106: 1113 – 1155.

La Porta R, Lopez-de-Silanes F, Shleifer A. 1999. Corporate Ownership around the World. Journal of Finance, 54: 471 – 518.

Lang, L H P, Stulz R M. 1994. Tobin'q, Corporate Diversification and Firm Performance. Journal of Political Economy, 102:1248 – 1280.

Lang L H P, Ofek E , Stulz R. 1996. Leverage, Investment and Firm Growth. Journal of Financial Economics, 40: 3 – 29.

Lazear E, Rosen S. 1981. Rank-Ordered Tournaments as Optimal Labor Contracts. Journal of Political Economy, 89: 841 – 862.

Leahy J V, Whited T M. 1996. The Effect of Uncertainty on Investment: Some Stylized Facts. Journal of Money, Credit, and Banking, 28: 64 – 83.

Leuz C, Oberholzer-Gee F. 2006. Political Relationships, Global Financing and Corporate Transparency: Evidence from Indonesia. Journal of Financial Economics, 81: 411 – 439.

Li H, Meng L, Wang Q, Zhou L. 2008. Political Connections, Financing and Firm Performance: Evidence from Chinese Private Firms. Journal of Development Economics, 87:283 – 299.

Li H, Zhou L. 2005. Political Turnover and Economic Performance: the Incentive Role of Personnel Control in China. Journal of Public Economics, 89: 1743 – 1762.

Lin J Y, Cai F, Li Z. 1998. Competition, Policy Burdens, and State-Owned Enterprise Reform. American Economic Review, 88: 422 – 427.

Lin J Y, Tan G. 1999. Policy Burdens, Accountability, and the Soft Budget Constraint. American Economic Review, 89: 426 – 431.

Lins K, Servaes H. 1999. International Evidence on the Value of Corporate Diversification. Journal of Finance, 54:2215 – 2239.

Lins K, Servaes H. 2002. Is Corporate Diversification Beneficial in Emerging Markets? Financial Management, 31(2):5 – 31.

Lööf H. 2004. Dynamic Optimal Capital Structure and Technical Change, Structural Change and Economic Dynamics, 15:449 – 468.

Loughran T, Ritter J. 1997. The Operating Performance of Firms Conducting Seasoned Equity Offerings. The Journal of Finance, 52: 1823 – 1850.

Malmendler U, Tate G. 2005. CEO overconfidence and corporate investment. The Journal of Finance, 6: 2661 – 2700.

Maksimovic V, Phillips G. 2002. Do Conglomerate Firms Allocate Resources Inefficiently across Industries? Theory and Evidence, The Journal of Finance, 57: 721 – 767.

Mauricio J B, López-Iturriaga F J. Ó. López-de-Foronda. 2008. The Contest to the Control in European Family Firms: How other Shareholders Affect Firm Value. Corporate Governance: An International Review, 16: 146 - 159.

May D O. 1995. Do Managerial Motives Influence Firm Risk Reduction Strategies? The Journal of Finance, 50: 1291 - 1308.

McConnell J H, Muscrella C J. 1985. Corporate Capital Expenditure Decisions and the Market Value of the Firm. Journal of Financial Economics, 14: 399 - 422.

Megginson W L, Netter J M. 2001. From State to Market: A Survey of Empirical Studies on Privatization. Journal of Economic Literature, 39(2): 321 - 389.

Michael Firth, Peter M Y Fung, Oliver M Rui. 2006. Firm Performance, Governance Structure, and Top Management Turnover in a Transitional Economy. Journal of Management Studies, 43:1289 - 1330.

Mikkelson W H, Partch. M M. 1997. The decline of takeovers and disciplinary managerial turnover. Journal of Financial Economics, 1997(5).

Montgomery C A, Singh H. 1984. Diversification Strategy and Systematic Risk. Strategic Management Journal, 5(2):181 - 191.

Montinola G, Qian Y, Weingast B. 1995. Federalism, Chinese Style: the Political Basis for Economic Success in China. World Politics, 48: 50 - 81.

Morck R, Shleifer A, Vishny R. 1989. Alternative Mechanisms for Corporate Control. American Economic Review, 9:842 - 852.

Myers S. 1977. Determinants of Corporate Borrowing. Journal of Financial Economics, 5: 147 - 175.

Myers S C, Majluf N. 1984. Corporate Financing and Investment Decisions: When Firms Have Information that Investors do not Have. Journal of Financial Economics, 13: 187 - 221.

Narayanan M P. 1985. Managerial Incentives for Short-term Results. The Journal of Finance, 40: 1469 - 1484.

Nelson R R, Winter S G. 1982. An Evolutionary Theory of Economic Change, Cambridge: the Belknap Press of Harvard University Press.

Öztekin Ö, Flannery M J. 2012. Institutional Determinants of Capital Structure Adjustment Speeds. Journal of Financial Economics, 103:88 - 112.

Qian Y, Tian Y, Wirjanto T S. Do Chinese Publicly listed Companies Adjust their Capital Structure toward a Target Level? China Economic Review, 20:662 - 676.

Qian Y, Roland G. 1998. Federalism and the Soft Budget Constraint. American Economic Review, 88: 1143 - 1162.

Palepu K. 1985. Diversification Strategy, Profit Performance and the Entropy Measure. Strategic Management Journal, 6:239 - 255.

Parrino R, Sias R, Starks L. 2003. Voting with their feet: institutional ownership changes around forced CEO turnover. Journal of Financial Economics, 68:3 – 46.

Peng M W, Heath P S. 1996. The Growth of the Firm in Planned Economies in Transition: Institutions, Organizations and Strategic Choice. The Academy of Management Review, 21:492 – 528.

Rajan R G, Wulf J. 2005. Are Perks purely Managerial excess?. Journal of Financial Economics, 79: 1 – 33.

Ravenscraft D J. 1983. Structure-profit Relationships at the Line of Business and Industry Level. Review of Economics and Statistics, 65:22 – 32.

Renneboog L. 2000. Ownership, managerial control, and the governance of companies listed on the Brussels stock exchange. Journal of Banking and Finance, 24: 1959 – 1995.

Richardson S. 2006. Over-investment of free cash flow. Review of Accounting Studies, 11:159 – 189.

Roll R. 1986. The Hubris Hypothesis of Corporate Takeovers. Journal of Business, 59: 197 – 216.

Rumelt R. 1974. Strategy, Structure and Economic Performance. Harvard Business School Press, Boston, MA

Santerre R E, Neun S P. 1986. Stock Dispersion and Executive Compensation. Review of Economics and Statistics, 68: 685 – 687.

Scharfstein D S, Stein J C. 1990. Herd Behavior and Investment. American Economic Review, 80: 465 – 479.

Shaprio C, Willig R. 1990. Economics Rationals for the Scope of Privatization. West view press.

Shleifer A, Vishny R W. 1989. Management Entrenchment: the Case of Manager-specific Investments. Journal of Financial Economics, 25:123 – 139.

Shleifer A, Vishny R W. 1994. Politicians and Firms. Quarterly Journal of Economics, 109:995 – 1025.

Smith C, Watts R. 1992. The Investment Opportunity Set and Corporate Financing, Dividend, and Financing Policies. Journal of Financial Economics, 32: 262 – 292.

Spiller P. 1990. Politicians, Interest Groups, and Regulations: A Multiple-Principals Agency Theory of Regulation, or Let Them Be Bribed. Journal of Law and Economics, 33(1): 65 – 101.

Stein J C. 1989. An Adverse-selection Model of Bank Asset and Liability Management with Implications for the Transmission of Monetary Policy. RAND Journal of Economic, 29: 466 - 486.

Stein J C. 2003. Agency, Information and Corporate Investment, In Handbook of the Economics of Finance. edited by G. M. Constantinides, M. Harris and R. Stulz, Elsevier Science B. V.

Stigler G J. 1971. The Theory of Economic Regulation, Bell Journal of Economics and Management Science, 2(1): 3 - 21.

Sun Q, Tong W H S, Tong J. 2002. How Does Government Ownership Affect Firm Performance? Evidence from China's Privatization Experience. Journal of Business Finance and Accounting, 29(1): 1 - 27.

Teece D J. 1982. Towards An Economic Theory of the Multiproduct Firm. Journal of Economic Behavior and Organization, 3:39 - 63.

Titman S, Wei K C. J, Xie F. 2004. Capital Investments and Stock Returns. Journal of Financial and Quantitative Analysis, 39: 677 - 700.

Thompson R S. 1984. Diversification Strategy and Systematic Risk: An Empirical Inquiry. Managerial and Decision Economics, 5(2):98 - 103.

Tian G L H. 2001. State Shareholding and the Value of Chinese Firms. Working Paper, London Business School.

Titman S, Wesseles R. 1988. The Determinants of Capital Structure Choice. Journal of Finance, 43:1 - 18.

Titman S, Tsyplakov S. 2007. A Dynamic Model of Optimal Capital Structure. Review of Finance, 11:401 - 451.

Biddle G C, Hilary G, Verdi R S. 2009. How does Finance Reporting Quality Relate to Investment Efficiency? Journal of Accounting and Economics, 48:112-131.

Volpin Paolo F. 2002. Governance with Poor Investor Protection: Evidence from Top Executive Turnover in Italy. Journal of Financial Economics, 64(1): 61 - 90.

Wang Q, Wong T J, Xia L. 2008. State Ownership, Institutional Environment, and Auditor Choice: Evidence from China. Journal of Accounting and Economics, 46: 112 - 134.

Weisbach M S. 1988. Outside Directors and CEO Turnover. Journal of Financial Economics, March: 431 - 460.

Wernerfelt B, Montgomery C A. 1988. Tobin's q and the Importance of Focus in Firm Performance. American Economic Review, 78:246 - 250.

Xin K R, Pearce J. 1996. Guanxi: Connections as Substitutional Support. Academy of Management Journal, 39: 1641 - 1658.

Xu L. 2004. Types of Large Shareholders, Corporate Governance, and Firm Performance. Working paper, Sun Yat-sen University.

Xu X, Wang Y. 1999. Ownership Structure and Corporate Governance in Chinese Stock Companies. China Economic Review, 10(1): 75 - 98.

Yang W. 2005. Corporate Investment and Value Creation. Working paper, University of Rochester.

Yermack D. 1995. Do Corporation Award CEO Stock Options Effectively? Journal of Financial Economics, 39: 237 - 269.

Young A. 2000. The Razor's Edge: Distortions and Incremental Reform in the People's Republic of China. Quarterly Journal of Economics, 115: 1091 - 1135.

Yuan Q. 2008. Public Governance, Political Connectedness, and CEO Turnover: Evidence from Chinese State-Owned Enterprises. Working Paper, The Chinese University of Hong Kong.